STUART CRAINER

Die Jack Welch Methode

UEBERREUTER

Die Deutsche Bibliothek – CIP-Einheitsaufnahme

Crainer, Stuart
Die Jack Welch Methode : Die 10 Erfolgsgeheimnisse
des größten Turnaround-Spezialisten der Welt /
Stuart Crainer. – Wien : Wirtschaftsverlag Ueberreuter, 2000
Einheitssacht.: Business the Jack Welch Way <dt.>
ISBN 3-7064-0634-9

Unsere Web-Adressen:

http://www.ueberreuter.at
http://www.ueberreuter.de

S 0520 1 2 3 / 2002 2001 2000

Aus dem Amerikanischen von Stephan Gebauer
Originaltitel: „BUSINESS THE JACK WELCH WAY:
10 Secrets of the World's Greatest Turnaround King",
erschienen bei AMACOM, a division of the American Management
Association, International, New York

Umschlag: INIT, Büro für Gestaltung
unter Verwendung eines Bildes der Bildagentur ZEFA
Printed in Hungary

Inhalt

Vorwort

Die Management-Gurus sagen uns, in der heutigen Wirtschaftswelt sei das Lernen eine Voraussetzung für Erfolg im Wettbewerb. Manager müssen sich ständig neue Fähigkeiten und Methoden aneignen, um für die Auseinandersetzungen auf dem Markt gerüstet zu sein. Organisationen müssen sich in lernende Organisationen verwandeln, in denen das Lernen ein fester Bestandteil des Daseins und der Kultur der Organisation ist. All das ist zweifellos richtig, zumindest in der Theorie. In der Praxis jedoch gibt es kaum echte lernende Organisationen. In Wahrheit sind Manager nicht sehr gut im Lernen. „Der Erfolg auf dem Markt hängt zunehmend davon ab, daß man imstande ist zu lernen, doch die meisten Menschen wissen nicht, wie man lernt. Dazu kommt, daß jene Mitglieder der Organisation, die vielfach für die lernfähigsten gehalten werden, in Wirklichkeit nicht sehr gut darin sind", meint Chris Argyris von der Harvard Business School.[1] Eines der Ziele der vorliegenden Buchreihe besteht darin, Managern beim Lernen zu helfen; ihnen Gelegenheit zu geben, von den Besten zu lernen.

Dieses Vorhaben mag übertrieben ehrgeizig wirken. Doch bedenken Sie, wie Manager lernen. Zunächst einmal lernen sie aus ihren Erfahrungen. Chris Argyris hat jedoch zu Recht darauf hingewiesen, daß man aus Erfahrungen nicht zwangsläufig lernt. Wie vielen Führungskräften sind Sie schon begegnet, die alle Erfahrung der Welt besitzen, aber kaum über wirkliches Verständnis von Zusammenhängen verfügen? Möglicherweise behaupten sie, 30 Jahre Erfahrung zu haben, doch dabei handelt es sich oft nur um die Erfahrungen eines Jahres, die dreißigmal gemacht wurden. Erfahrung bedingt nicht automatisch Lernfortschritte. Nur weil

Die Wirtschaftshochschulen bleiben der Theorie verhaftet, doch in der Wirtschaft geht es um das praktische Tun.

jemand Jahrzehnte in einem Unternehmen verbracht hat, muß er noch lange nicht weise sein.

Des weiteren können Führungskräfte in Trainingsprogrammen lernen. Die meisten hochrangigen Manager haben das eine oder andere Executive Program einer Wirtschaftshochschule hinter sich gebracht.

Die Fallstudien und die für die Business Schools typische Konzentration auf die Analyse ermöglichen es den Managern zweifellos, sich bedeutsame Kenntnisse anzueignen. Doch die Bandbreite dieser Kenntnisse und ihr praktischer Nutzen werden regelmäßig in Zweifel gezogen – nicht zuletzt von denen, die in den Managementkursen unterrichten. „Die Vorstellung, man könne intelligente, aber unerfahrene 25jährige Manager, die noch nie irgend etwas oder irgend jemanden gemanagt haben, in einem zweijährigen MBA-Kurs in effektive Manager verwandeln, ist lächerlich“, meint der Strategieguru Henry Mintzberg.[2]

Der ehrwürdige Peter Drucker äußert sich ebenfalls seit langem kritisch über die Wirtschaftsuniversitäten. „Die vor knapp hundert Jahren in den Vereinigten Staaten gegründeten Wirtschaftsuniversitäten bilden lediglich gute Büroangestellte aus“, schrieb er bereits im Jahr 1969.[3] In jüngerer Zeit hat er den Niedergang der Business Schools vorhergesagt, da diese unter einem „verfrühten Erfolg“ litten. „Nun verbessern sie die Vergangenheit ein wenig. Das Schlimmste, was man tun kann, ist zu verbessern, was man überhaupt nie hätte tun sollen.“

Die Wirtschaftshochschulen bleiben der Theorie verhaftet, doch in der Wirtschaft geht es um das praktische Tun. „Ich halte nicht sehr viel von Diplomen. Sie eignen sich nicht, um die Arbeit zu machen. Meine Noten waren nicht so gut wie die anderer, und ich machte die Abschlußprüfung nicht. Der Leiter der Schule rief mich zu sich und erklärte mir, ich müsse die Universität verlassen. Ich sagte ihm, daß ich kein Diplom wollte, da es weniger wert sei als eine Eintrittskarte für das Kino. Eine Eintrittskarte garantierte dir zumindest, daß du hineinkamst. Ein Diplom garantierte für gar nichts." Diese Worte stammen von Soichiro Honda, dem Gründer des gleichnamigen Konzerns.[4]

Mit überraschendem Understatement erklärte der ehemalige Leiter von Chrysler, Lee Iacocca: „In einer formalen Ausbildung kannst du eine Menge lernen, doch viele der im Leben unverzichtbaren Fähigkeiten mußt du allein entwickeln." Deutlicher sagte es der verstorbene Leiter von Avis und Autor von *Up the Organization,* Robert Townsend. „Stellen Sie keine Absolventen der Harvard Business School ein", lautete seine Warnung. „Dieser Elite fehlen meiner Meinung nach einige grundlegenden Voraussetzungen für den Erfolg: Demut, Respekt für die Leute auf der ausführenden Ebene, ein echtes Verständnis für die Natur des Unternehmens und die Leute, die Freude daran haben, es erfolgreich zu machen, Respekt seitens der Untergebenen, nachweisliches Durchsetzungsvermögen, Fleiß, Loyalität gegenüber den Untergebenen, Urteilsvermögen, Fairneß und Aufrichtigkeit unter Druck."[5]

Häufig angeführte Beispiele für Menschen, die keinen Abschluß vorweisen konnten und dennoch den Gipfel des geschäftlichen Erfolgs erklommen, sind Bill Gates, Richard Branson von Virgin und Anita Roddick von Body Shop. „Einer meiner größten Vorteile bei der Gründung von The Body Shop bestand darin, daß ich nie eine Wirtschaftsuniversität besucht hatte", sagt Anita Roddick. Auch Jim McCann, der Gründer von 1-800-Flowers, ist davon überzeugt, daß sein Unternehmen niemals entstanden wäre, hätte er eine Wirtschaftsuniversität besucht: „Ich hätte viel zu viel darüber nachgedacht, warum dieses Geschäft nicht funktionieren konnte."[6]

Drittens kann ein Manager von seinen Kollegen lernen. Diese Methode ist sehr wirkungsvoll. Der gegenwärtige Trend zu Mentoring und Coaching zeigt, daß die hochrangigen Manager wesentlich dazu beitragen können, die Fähigkeiten jüngerer Manager zu entwickeln. Doch was ist, wenn der Vorgesetzte eine ineffiziente Führungskraft ist, die lediglich ihre Zeit absitzt und keinerlei Interesse daran hat, Talente für die Zukunft zu fördern? Was, wenn der Vorgesetzte inkompetent ist? Was, wenn die Ambitionen eines aufstrebenden jungen Managers die Sachkenntnis seines Vorgesetzten erheblich übersteigen? Was kann er dann lernen?

Viele Manager suchen die Antwort in einem der vielen Bestseller von Unternehmensführern. Führungskräfte kaufen Millionen derartiger Bücher. Sie möchten herausfinden, was in den Köpfen erfolgreicher Unternehmenskapitäne vorgeht. Sie wollen die Gehirne dieser großen Männer sezieren. Doch sie werden durchweg enttäuscht. Die meisten Bücher erfolgreicher Manager sind von ihrem alles beherrschenden Ego verzerrt und leben nur von rückblickender Analyse. Sie wurden von Ghostwritern verfaßt und vermitteln eine geisterhafte Botschaft. Zumeist schildern diese Bücher eine Karriere durch die rosarote Brille, anstatt eine objektive Analyse von Managementtechniken zu liefern. Ihr Wert als Lehrmaterial ist beschränkt – was nicht heißen soll, daß sie keinen Unterhaltungswert besitzen.

Diese Reihe über die Geheimnisse großer Manager soll diese Lücke schließen. Das Ziel ist eine objektive Beurteilung der Führungsmethoden und der Denkweise einiger Größen des Business. Bei jedem Unternehmensführer, der Aufnahme in diese Reihe gefunden hat – sei es Bill Gates, Rupert Murdoch, Richard Branson oder Jack Welch – werfen wir einen genauen Blick darauf, wie er seine Aufgaben in Angriff nimmt. Was unterscheidet seinen Zugang von dem anderer Manager? Wo liegen seine Stärken? Und vor allem: Welche Lehren können aus seinem Erfolg gezogen werden?

Wie Sie sehen werden, handelt es sich bei diesen Lektionen nicht um Quantenphysik. Tatsächlich ist Management eine eher einfache Angelegenheit. Theorie ist etwas für Menschen, die Zeit dafür aufbringen können.

„Wir nehmen nicht für uns in Anspruch, Vorreiter der globalen Managementtheorie zu sein, doch vielleicht dürfen wir von uns behaupten, am energischsten nach guten Ideen zu suchen – gleichgültig, woher diese kommen", sagt Jack Welch. „Und wir scheuen uns nicht, sie zu übernehmen und umzusetzen."[7] Machen Sie sich die besten Ideen zu eigen, denn es gibt keine einzelne, alles umfassende große Idee. Im Management und in der Wirtschaft geht es letzten Endes nur darum, Ideen in die Tat umzusetzen. Fragen Sie Jack Welch.

Anmerkungen

1 Argyris, Chris, „Teaching smart people how to learn." In: *Harvard Business Review,* Mai–Juni 1991.

2 Mintzberg, Henry, „The new managment mind-set." In: *Leader to Leader,* Frühjahr 1997.

3 Drucker, Peter, *The Age of Discontinuity* (London: Heinemann, 1969).

4 Crainer, Stuart (Hrsg.), *The Ultimate Book of Business Quotations* (Oxford: Capstone, 1997; New York: AMACOM,1998).

5 Townsend, Robert, *Up the Organization* (vergriffen).

6 Bruce, Katherine, „How to succeed in business without an MBA." In: *Forbes,* 26. Januar 1998.

7 Brief an die Aktionäre, Februar 1993.

Jack Welch und seine Zeit

John Francis Welch Jr. wurde am 19. November 1935 in Peabody im amerikanischen Bundesstaat Massachusetts geboren. Sein Vater war Zugführer bei der Boston & Maine Railroad, seine Mutter Hausfrau. Als Welch zur University of Massachusetts ging, um Verfahrenstechnik zu studieren, war er das erste Mitglied seiner Familie, das eine Hochschulausbildung absolvierte. Die Wahl seines Studiums erklärte Welch so: „Einer meiner Onkel war Ingenieur in einem Elektrizitätswerk in Salem, deshalb galt ein Techniker in der Familie schon etwas. Ich verliebte mich in die Chemie. Und die Chemie konnte man mit der Technik verbinden."[1]

Die Technik übt eine bemerkenswerte Faszination auf Angehörige der Industrie und auf die Wirtschaftstheoretiker aus. „Ich bin ein gelernter Ingenieur – und ein Ingenieur aus Neigung", gesteht Tom Peters (der als Bauingenieur an der Cornell University ausgebildet wurde und später Brücken in Vietnam baute).[2] Michael Porter von der Harvard Business School war ursprünglich Luft- und Raumfahrttechniker, Kenichi Ohmae, früherer Strategieberater von McKinsey, wurde zum Kernphysiker ausgebildet, und Henry Mintzberg ist gelernter Ingenieur. Mintzberg übt heftige Kritik an der Wall Street und den Finanziers: „Diese Leute sind am weitesten

Welchs Ehrgeiz:
„Ich wollte bis zu meinem dreißigsten Geburtstag 30.000 Dollar im Jahr verdienen."

von denen entfernt, die ein Produkt herstellen, verkaufen, verwenden und reparieren. Doch sie haben die Kontrolle über die Unternehmen, weil sie die finanztechnischen Kenntnisse besitzen." Mit vergnügter Ironie weist der Managementtheoretiker darauf hin, daß große Unternehmensführer wie Welch und Andy Grove von Intel gelernte Ingenieure sind, die bereit sind, sich die Hände schmutzig zu machen.[3] Dinge auseinanderzunehmen und zu verstehen, wie sie funktionieren, liegt Jack Welch im Blut.

Welch schloß sein Studium mit einem Doktortitel in Verfahrenstechnik an der University of Illinois ab. Als er die Universität verließ, erinnert sich Welch, „wollte ich bis zu meinem dreißigsten Geburtstag 30.000 Dollar verdienen".[4]

Im Jahr 1960 ging Jack Welch nach Pittsfield (Massachusetts) zu General Electric, wo er im Kunststoffbereich tätig wurde. GE bot sich als Arbeitgeber an, da der Firmensitz nicht weit vom Wohnort der Familie Welch entfernt war. Außerdem war das Anfangsgehalt von 10.500 Dollar im Jahr verlockend. Der Traum von den 30.000 würde allerdings noch etwas warten müssen.

GE war keine Liebe auf den ersten Blick für Jack Welch. Nach einem Jahr wollte er seinen Job in Pittsfield aufgeben, um zu International Minerals & Chemicals in Skokie (Illinois) zu gehen. Der eigensinnige junge Mann fühlte sich von der Unternehmensbürokratie eingeengt. Doch man überredete ihn zum Bleiben. Sein Chef versprach ihm, ihm in Zukunft den Rücken frei zu halten. (Er hielt sein Versprechen, was jedoch nichts daran änderte, daß Jack Welch seit jener Zeit einen erbarmungslosen Krieg gegen die Bürokratie führte.)

Für den jungen Jack Welch begann nun ein rasanter und spektakulärer Aufstieg in der Hierarchie von General Electric. Im Jahr 1968 wurde er im Alter von 33 Jahren zu GEs jüngstem Bereichsleiter. Er stieg zum Vorstandsmitglied und Leiter des Bereichs Verbrauchsgüter und -dienstleistungen auf und wurde stellvertretender Chairman der GE Credit Corporation. Bis 1979 hatte er es zum stellvertretenden Chairman und zum Vorsitzenden der Geschäftsführung von General Electric gebracht. Im Lauf seines Aufstiegs machte er aus dem Kunststoffbereich ein Geschäft mit 2 Milliarden Dollar Umsatz, brachte den notleidenden Bereich der medizinischen Diagnosegeräte wieder auf Erfolgskurs und begann mit dem Aufbau von GE Capital. Sein Instinkt war unschlagbar.

Den letzten Schritt an die absolute Spitze von General Electric tat Jack Welch im Jahr 1977, als ihm Chairman Reg Jones den Vorschlag machte, in die Zentrale in Fairfield (Connecticut) zu übersiedeln, um am Rennen um seine Nachfolge teilzunehmen. Jones wußte genau, wonach er bei seinem Erben suchte. Bald erkannte er, daß Jack Welch die Kriterien erfüllte.

„Wir brauchen Leute mit Unternehmergeist, die bereit sind, wohlüberlegte geschäftliche Risiken einzugehen – und es gleichzeitig verstehen, harmonisch mit einer größeren Unternehmensorganisation zusammenzuarbeiten“, erklärte Jones, der aufrichtig genug war, seine eigenen Grenzen zu erkennen. „Die intellektuellen Anforderungen sind ganz andere als in weniger komplexen Unternehmen.“[5]

Die Stellenbeschreibung des Unternehmensleiters:
„Wir brauchen Leute mit Unternehmergeist, die bereit sind, wohlüberlegte geschäftliche Risiken einzugehen – und es gleichzeitig verstehen, harmonisch mit einer größeren Unternehmensorganisation zusammenzuarbeiten.“

Das soll nicht bedeuten, daß Jones seine Entscheidung kurzentschlossen gefällt hätte. Tatsächlich hatte er bereits im Jahr 1974 begonnen, sich Gedanken über seine Nachfolge zu machen. Auf seiner Liste der besten Führungskräfte von General Electric standen anfangs fast hundert Namen. Die Liste wurde im Lauf der Zeit auf sechs Personen zusammengestrichen, die direkt der Unternehmensleitung unterstanden. Zu diesen sechs gehörte auch Jack Welch. „Der Auswahlprozeß, der die Führung des ehrwürdigen Unternehmens General Electric in Jack Welchs Hände legte, ist ein Exempel für die besten Eigenschaften und die Vitalität der alten GE-Kultur", schrieben Noel Tichy und Stratford Sherman. „Jones bestand auf einem langen, arbeitsaufwendigen, gründlichen Prozeß, in dem jeder geeignete Kandidat sorgfältig geprüft werden sollte, um ausschließlich anhand rationaler Kriterien den qualifiziertesten auswählen zu können. Das Ergebnis ist eines der besten Beispiele für gute Nachfolgeplanung in der Wirtschaftsgeschichte."[6]

Im Dezember 1980 wurde bekanntgegeben, daß Jack Welch der neue CEO und Chairman von General Electric sein würde. Seine Ernennung bedeutete einen Rekord: Mit 45 Jahren war Welch der jüngste Leiter in der Geschichte des Unternehmens. Er war überhaupt erst der achte CEO von GE in 92 Jahren.

Jack Welch übernahm die Führung eines Konzerns, der ein Paradebeispiel für die Macht der amerikanischen Unternehmen und für moderne Managementtechniken war. General Electric war stets mit der Zeit gegangen – wenn auch zumeist sehr bedächtig. Dennoch war es ein riesiger Moloch geblieben. Es war dem Unternehmen nicht leicht gefallen, den Kurs zu ändern und neue Tricks zu erlernen. Die Praxis von GE bestand darin, die Möglichkeiten sorgfältig abzuwägen, sich dann einen Schritt vorwärts zu bewegen, die Risiken stets gering zu halten und sich dennoch stetig weiterzuentwickeln. Es war ein sehr konzentriertes Unternehmen, das trotzdem so geführt wurde, daß es weltoffener war als manch anderer Unternehmensriese.

Zu dem Zeitpunkt, als Jack Welch die Führung des Konzerns übernahm, erzielte GE einen Nettogewinn von 1,7 Mrd. Dollar. An den meisten Parametern gemessen, wies das Unternehmen ein gesundes Wachstum auf – im Jahr 1979 lag die Rate bei neun Prozent. Die Zukunftsaussichten waren vielversprechend. Man rechnete auch weiterhin mit einem stetigen Wachstum, wenn sich der neue Chef erst einmal an seine Aufgabe gewöhnt hätte. Schließlich stammte Welch aus dem eigenen Reihen. Er würde der Organisation, die ihn so sorgfältig aufgebaut hatte, mit Sicherheit keinen völlig neuen Kurs vorgeben. Oder doch?

Die Chefs und Führungsmethoden von GE

Was für ein Unternehmen hatte Jack Welch übernommen? General Electric war – und ist – eines der erfolgreichsten Unternehmen der Wirtschaftsgeschichte, das sich mit bemerkenswerter Flexibilität durch die Wechselfälle der Zeit manövriert hat.

Im Jahr 1878 gründete Thomas A. Edison die Edison Electric Light Company. Aus diesem Unternehmen entstand die Edison General Electric Company, die im Jahr 1892 mit Thomson-Houston Electric zur General Electric Company fusionierte. Im Jahr 1896, als der Dow Jones Industrial Index eingeführt wurde, zählte General Electric zu den ersten Unternehmen, die in diesen Aktienindex aufgenommen wurden. Es ist das einzige der ursprünglich aufgenommenen Unternehmen, das noch heute Bestandteil des Dow Jones ist.

Unternehmen mögen rechtliche Gebilde sein, doch sie sind beunruhigend sterblich. „Die durchschnittliche natürliche Lebensdauer eines Unternehmens sollte zwei oder drei Jahrhunderte betragen“, schreibt Arie de Geus in *The Living*

Company und weist auf einige blühende Relikte wie die Sumitomo-Gruppe oder das skandinavische Unternehmen Stora hin.[7] Doch in der Realität sieht es so aus, daß sich Unternehmen nicht in den Ruhestand nach Florida zurückziehen, um dort Bingo zu spielen. Im allgemeinen sterben sie jung. General Electric ist eine Ausnahme – eine sehr große Ausnahme.

De Geus zitiert eine niederländische Studie, die zu dem Ergebnis gelangte, daß die durchschnittliche Lebenserwartung japanischer und europäischer Unternehmen zwölfeinhalb Jahre beträgt. „Die Lebenserwartung eines multinationalen Konzerns – aus den Fortune 500 oder von entsprechender Größe – liegt im Schnitt bei 40 bis 50 Jahren", erklärt de Geus, der darauf hinweist, daß nicht weniger als ein Drittel der Unternehmen, die in den siebziger Jahren den Fortune 500 angehört hatten, im Jahr 1983 wieder von der Bildfläche verschwunden waren. Dieses Unternehmenssterben führt de Geus darauf zurück, daß sich die Manager auf die Gewinne konzentrieren, statt auf die menschliche Gemeinschaft, die ihr Unternehmen bildet.

Um diesem Geheimnis auf den Grund zu gehen, führten de Geus und einige seiner Kollegen bei Shell einige Forschungen durch und suchten nach den Grundlagen für ein langes Unternehmensleben. Wie zu erwarten, gelangten sie zu dem Ergebnis, daß der richtige Weg darin bestehe, die Aufregungen auf ein Mindestmaß zu verringern und sich eher wie Ronald Reagan als wie James Dean zu verhalten. Der Durchschnittsmensch führt ein Leben der Enthaltsamkeit, Vorsicht und Mäßigung, und dasselbe gilt für Unternehmen. Das Team von Royal Dutch/Shell entdeckte bei langlebigen Unternehmen vier Schlüsselmerkmale. Sie waren „offen für ihre Umwelt", „tolerant" und „konservativ in der Finanzierung" und besaßen „einen starken Zusammenhalt mit einem ausgeprägten Identitätsgefühl". (Zu ähnlichen Schlüssen gelangen Jerry Porras und James Collins in ihrem anregenden

Buch *Built to Last,* dessen Aussagen weitgehend mit denen von de Geus übereinstimmen.)

Im Mittelpunkt des von de Geus entwickelten Konzepts steht die Annahme, daß ein Unternehmen – und seine Langlebigkeit – nicht auf das Geldverdienen beschränkt werden kann. „Die Dichotomie zwischen Gewinnen und Langlebigkeit ist ein Trugschluß", erklärt de Geus. Er vertritt eine bestechend geradlinige Auffassung: Nicht mehr das Kapital, sondern die Kenntnisse und Fähigkeiten der Mitarbeiter geben den Ausschlag. Der logische Schluß daraus lautet, daß „ein erfolgreiches Unternehmen ein Unternehmen ist, das effektiv lernen kann". Indem wir lernen, erwerben wir das Kapital für morgen. Nach Ansicht von de Geus bedeutet Lernen, daß man zu stetiger Veränderung bereit ist.

De Geus fände Gefallen an General Electric. Der Fortschritt dieses Unternehmens ruht tatsächlich auf einem soliden Fundament. In den ersten sieben Monaten seiner Existenz verdiente das Unternehmen 3 Millionen Dollar, und seitdem wurde es stets vorsichtig und mit Bedacht geführt. Die Führung ging reibungslos von einer Generation auf die nächste über. Alle Unternehmensleiter fühlten sich – wenn auch in unterschiedlichem Maß – dem Wandel verpflichtet. „Die größte Begabung von GE bestand stets darin, jeweils geeignete Unternehmensleiter zu finden, welche die extremen Eigenschaften ihrer Vorgänger ausglichen", erklärte Richard Pascale nach einem Studium der Geschichte des Konzerns.[8]

Tatsächlich waren die Leistungen der Unternehmensleiter von General Electric durchweg gut. In ihrem Buch *Built to Last* gelangten Jerry Porras und Jim Collins zu dem Schluß, daß Welchs Ergebnisse in seinem ersten Jahrzehnt an der Spitze von GE nicht herausragend waren. Tatsächlich kam der gefeierte Jungstar unter sieben CEOs nur auf den fünften Rang, wenn man seine Leistungen an der Eigenkapitalrendite maß. Porras und Collins folgerten: „Einen Unterneh-

„Die Tatsache, daß es GE ein Jahrhundert lang gelang, Unternehmensleiter vom Kaliber Jack Welchs in der eigenen Organisation heranzubilden, ist ein wesentlicher Grund dafür, warum dies ein visionäres Unternehmen ist."

mensleiter vom Kaliber Jack Welchs zu haben, ist beeindruckend. Die Tatsache, daß es GE ein Jahrhundert lang gelang, Unternehmensleiter vom Kaliber Jack Welchs in der eigenen Organisation heranzubilden, ist ein zentraler Grund dafür, warum dies ein visionäres Unternehmen ist."[9] Diese Bilanz ist außerordentlich. Kein anderes Großunternehmen war so erfolgreich bei der Ausbildung eigener Führungskräfte oder schaffte es, über einen so langen Zeitraum eine derart herausragende Leistung aufrechtzuerhalten.

Ein weiterer Grund für den Erfolg von General Electric ist seine einfache, auf dem gesunden Menschenverstand gründende Unternehmenskultur. Kein Schnickschnack lenkt das Unternehmen von seinem Kurs ab, keine tollen Projekte, keine revolutionären Neuerungen. „Natürlich haben wir gute Leute, doch die stammen aus demselben Reservoir wie die Leute in allen anderen Unternehmen", erklärte der ehemalige CEO Fred Borch im Jahr 1965. „Und dennoch glaube ich, daß etwas Einzigartiges an uns ist. Ich denke, daß diese Einzigartigkeit am Klima liegt: am Respekt für einander und daran, daß wir uns darum bemühen, in unserer Arbeit so viel Spaß zu haben wie nur irgend möglich."[10]

Ein Bestandteil der einfachen Kultur ist, daß General Electric seine Unternehmensleiter sehr viel seltener wechselt als seine Konkurrenten. Don Hambrick und Greg Fukotoni wiesen im Jahr 1991 darauf hin, daß in den vergangenen drei Jahrzehnten rund 19 Prozent der CEOs in Fortune 500-Unternehmen weniger als drei Jahre am Ruder gewesen waren.[11] General Electric hingegen nimmt nur selten die Dienste von Headhuntern in Anspruch. GE weiß seit langem, daß es besser und billiger ist, talentierte Manager selbst auszubilden und die Führungspositionen mit Leuten aus den eigenen Reihen zu besetzen. Es ist bezeichnend, daß die Führungskräfte von General Electric bei anderen Unternehmen sehr begehrt sind.

Die Liste der bisherigen Unternehmensleiter von GE lautet wie folgt:

- **Charles Coffin.** Chairman und CEO von 1892 bis 1922. Er leitete jene Gruppe, die Edisons Patente erwarb und mit der ernsthaften Entwicklung des Geschäfts begann.
- **Gerard Swope.** Kam im Jahr 1919 als erster Präsident von International General Electric ins Unternehmen. 1922 wurde er Präsident und führte das Unternehmen gemeinsam mit Chairman Owen Young. Ende der zwanziger Jahre hatte General Electric 75.000 Mitarbeiter und erzielte einen Umsatz von 300 Mio. Dollar. Das Unternehmen begann mit der Herstellung von Haushaltsgeräten. Aufbauend auf dem Erbe des Entwicklungs- und Produktionsunternehmens schuf Swope solide Systeme und entwickelte ein für jene Zeit ungemein fortschrittliches Personalmanagement. Der Swope Plan aus dem Jahr 1931 zählte zu den Bausteinen von Roosevelts New Deal. Swope zog sich im Jahr 1939 aus dem Unternehmen zurück, kehrte jedoch noch einmal für eine Übergangszeit zurück, als sein Nachfolger von der amerikanischen Regierung in die Kriegsproduktion geholt wurde.
- **Charles Wilson.** Wilsons Amtszeit von 1940 bis 1952 wurde durch den Krieg unterbrochen, weshalb seine Wirkung und sein Erbe weniger bedeutsam waren als das seiner Vorgänger.
- **Ralph Cordiner.** Cordiner war von 1950 bis 1963 CEO des Unternehmens. Er war ein entschiedener Befürworter der Dezentralisierung, die den Aufbau komplexer büro-

kratischer Systeme erforderlich machte. In die unruhigen Jahre seiner Herrschaft fiel die Einführung des Management by Objectives (zielgesteuerte Unternehmensführung). Das System hatte ein brillanter junger Managementvordenker namens Peter Drucker entwickelt, der zu jener Zeit eng mit General Electric zusammenarbeitete. Cordiner gründete auch GE Plastics und den Bereich Flugzeugtriebwerke. Er rief das konzerneigene Ausbildungszentrum in Crotonville ins Leben. Sein Augenmerk galt dem Marketing, und er entwickelte einen neuen Firmenslogan: „Unser wichtigstes Produkt ist der Fortschritt." Seine Managementphilosophie legte er in dem 1956 erschienenen Buch *New Frontiers for Professional Managers* dar.

- **Fred Borch.** Er führte die strategische Planung bei General Electric ein und sorgte nach den turbulenten Jahren unter Cordiner für eine gewisse Beruhigung. Jack Welch sieht sein Wirken sehr positiv: „Borch ließ tausend Blumen erblühen. Er führte uns in das Geschäft mit der Haushaltseinrichtung im Baukastensystem und in die Unterhaltungselektronik, steuerte GE Credit durch die schwierigen Kinderjahre, gründete Unternehmen in Europa und ließ Aircraft Engine und GE Plastics in Ruhe arbeiten, so daß sie sich wirklich entfalten konnten. Nach seinem Rücktritt wurde deutlich, daß es General Electric wieder einmal gelungen war, sich einen Platz in zukunftsträchtigen Geschäften zu sichern."[12] Borch führte GE von 1964 bis 1972.

- **Reg Jones.** Der gebürtige Brite stieß im Jahr 1939 zu General Electric. Im Jahr 1967 wurde er Finanzchef, 1973 wurde er zum CEO ernannt. Jones trieb die Entwicklung in der Spitzentechnologie voran, etwa bei Flugzeugtriebwerken und Atomreaktoren, und straffte die Finanzsysteme. Im Jahr 1979 wurde er zum einflußreichsten Manager in den Vereinigten Staaten gewählt, ein Jahr später zum Unternehmensleiter des Jahres. Eine ehemalige Führungskraft von General Electric sagte später einmal über ihn: „In der Amtszeit von Jones war GE ein finanziell starkes, jedoch langweiliges Unternehmen. Wir waren eine Organisation im Niedergang – und niemand erkannte es."[13] Die sorgfältige Nachfolgeplanung von Jones führte zur Ernennung von Jack Welch.

Phase Eins: „Neutronen-Jack"

Jack Welch hatte nicht vor, in ruhigen Gewässern zu segeln. Ein gleichmäßiger, genügsamer Fortschritt war nicht seine Sache. Er machte sich lautstark bemerkbar, anstatt sich in seinem komfortablen Sessel zurückzulehnen. Er entschloß sich, GE einige Male kräftig durchzuschütteln und anschließend auf den Kopf zu stellen.

Und genau dies – das sollte nicht vergessen werden – hatte sein Vorgänger im Sinn gehabt. „Als sich CEO Reginald Jones und der Board of Directors für Jack Welch entschieden, ließen sie wissentlich einen Propheten und Kreuzritter von der Leine, dessen Managementperspektive nichts mit General Electrics damaliger analytischer, administrativer Arbeitsweise zu tun hatte", schrieben Al Vicere und Robert Fulmer. „Welch gab dem Unternehmen wieder ein Ziel, das GE half, das Gleichgewicht zwischen innovativer Kreativität und anpassungsfähiger Kontrolle wiederzufinden."[14]

In den achtziger Jahren prägte Welch seinem Konzern und der gesamten amerikanischen Unternehmenslandschaft seinen Stempel auf. Sämtliche Unternehmensbereiche von GE wurden generalüberholt, einige wurden abgestoßen. Gleichzeitig erwarb der Konzern Hunderte neue Unternehmen. Im Jahr 1984 kürte *Fortune* Welch zum „härtesten Boß in Amerika". Die Belegschaft von General Electric mußte für

Welch über die ersten Jahre an der Spitze:
„Ich fand kein Problem mit der Moral vor. Ich schuf es!"

Welchs Streben nach Wettbewerbsfähigkeit bluten. GE kann geradezu als Erfinder des Downsizing bezeichnet werden: Fast 200.000 Mitarbeiter mußten das Unternehmen verlassen. Auf diese Art sparte man 6 Mrd. Dollar ein.

Die Medien tauften Welch auf den Spitznamen „Neutronen-Jack". Er war der Mann, der die Menschen hinwegfegte, während die Gebäude unversehrt blieben. Es überrascht nicht, daß er weder in seinem Unternehmen noch in der weiteren Unternehmensgemeinde besonders beliebt war. Eine Weile lang hatte es den Anschein, als könne er neben Al Dunlap zum Staatsfeind Nummer Eins aufsteigen. Bei GE beobachtete man die Geschehnisse mit großer Besorgnis. Für Welch war das, wie er kühl kalkulierte, einfach ein Teil seines Jobs. Ein Teil, der vielleicht nicht sehr angenehm, aber notwendig war. „Ich fand kein Problem mit der Moral vor. Ich schuf es!" erklärte er gegenüber Richard Pascal in der für ihn typischen unverblümten Art. „Eine Führungskraft, die versucht, eine große Organisation in eine Richtung zu führen, mit der ihre Gefolgsleute nicht einverstanden sind, befindet sich in einer sehr schwierigen Lage. Ich war nie zuvor dazu gezwungen gewesen. Ich hatte stets den Luxus gehabt, ein Unternehmen aufzubauen und meinen Leuten Freude an der Arbeit zu vermitteln. Doch es war unumgänglich, daß wir unser Unternehmen neu positionierten und auf jene Geschäfte setzten, die eine Überlebenschance im globalen Wettbewerb hatten."[15]

Phase Zwei: Work-Out

In Phase eins unter Jack Welch wurde das Unternehmen auf brutale Weise mit den neuen Realitäten im Wirtschaftsleben bekanntgemacht. Vielleicht war Welch zu brutal. Doch es läßt sich nicht leugnen, daß General Electric am Ende der achtziger Jahre ein schlankeres und leistungsfähigeres Unternehmen geworden war. Jegliche Beschaulichkeit, die möglicherweise existiert hatte, war ausgelöscht worden. Rückblickend dürfte Welchs beste Entscheidung darin bestanden haben, daß er ohne Rücksicht auf Verluste zum Angriff blies. Eine dramatische, wenn auch relativ kurzlebige Veränderung war einem Schritt für Schritt herbeigeführten Wandel vorzuziehen. „Vergiß den schrittweisen Fortschritt und wage den Sprung", lautet Jack Welchs Ratschlag.[16] Keine halben Sachen. Tom Peters pries diesen Zugang in seiner typisch überschwenglichen Art: „Wird es Welch schaffen? Ich wette, daß er es schafft. Ob er nun alles in die Luft sprengt (der ‚Neutronen-Jack' der frühen Achtziger) oder das Empowerment predigt (der ‚Work-out-Jack' der frühen Neunziger) ... der Kerl kann mit halbherzigen Maßnahmen nichts anfangen. Jack Welch: Eingetragenes Mitglied der Hundertfünfzigprozentigen. Ein Hoch auf ihn!"[17]

Nachdem er bewiesen hatte, daß er in der Lage war, das Unternehmen zu zerschlagen, mußte Welch die zweite Phase in Angriff nehmen: den Aufbau eines für das 21. Jahrhundert gerüsteten Unternehmens. Die Hardware war in Ordnung gebracht worden. Nun war die Software an der Reihe.

Im Mittelpunkt von Phase zwei stand das 1989 verkündete Projekt namens „Work-out". Entwickelt wurde es Berichten zufolge, nachdem Professor Kirby Warren von der Columbia University Jack Welch eine beiläufige Frage gestellt hatte: „Nachdem Sie so viele Mitarbeiter beseitigt haben, wann werden Sie denn nun beginnen, etwas von der Arbeit zu beseitigen?"[18] Zu diesem Zeitpunkt hatten 100.000

Menschen General Electric verlassen. Welch fand Gefallen an dem Gedanken, überflüssige Arbeit zu beseitigen. Die Idee wurde in die Tat umgesetzt. Mit charakteristischem Tatendrang holte Welch zwei Dutzend Wirtschaftsprofessoren und Berater ins Unternehmen, um das neue Konzept zu verwirklichen. Welch bezeichnete Work-Out als „unermüdliche, endlose unternehmensweite Anstrengung, alles was wir machen, besser zu machen."[19]

Work-Out war ein Kommunikationsinstrument, das den Mitarbeitern von GE eine außergewöhnliche Chance eröffnete, ihr Arbeitsleben zu verändern. „Der Gedanke war, eine dreitägige informelle Versammlung mit 40 bis 100 Mitarbeitern aller Ebenen zu veranstalten", erklärt Janet Lowe in *Jack Welch Speaks.* „Der Chef brachte die Diskussion in Gang, indem er einen Überblick über die Geschäftsentwicklung gab und die Aufgaben skizzierte, um sich dann zurückzuziehen. Die Mitarbeiter teilten sich in Gruppen auf und nahmen unterstützt von einem Moderator verschiedene Bereiche des Problems in Angriff. Am Ende kehrte der Chef zurück und hörte sich die Lösungsvorschläge an. Der Vorgesetzte hatte nur drei Optionen: Er konnte den Vorschlag sofort akzeptieren, sofort ablehnen oder um zusätzliche Informationen bitten. Bat er um weitere Informationen, so mußte er ein Team aufstellen und einen Termin für eine Entscheidung festsetzen."[20]

Work-Out war erstaunlich erfolgreich. Das Programm trug dazu bei, die Vertrauensbeziehung zwischen Mitarbeitern und Management wiederherzustellen. Die Mitarbeiter erhielten eine Möglichkeit, sich zu den Dingen zu äußern, die sie am Arbeitsplatz beschäftigten, und die Abläufe tatsächlich zu ändern. Work-Out riß Hindernisse nieder. Die Zeiten der bitteren Zerstörung waren vorüber. Kreativität lag in der Luft.

Phase Drei: Six Sigma

Aus Welch dem Zerstörer wurde Welch der Erbauer. Work-Out war Teil einer systematischen Öffnung von General Electric. Die Mauern zwischen den Abteilungen und Funktionen fielen. Das mittlere Management war in den achtziger Jahren ausgedünnt worden. Mit Work-Out versetzte Jack Welch die Mitarbeiter von General Electric in die Lage, miteinander zu sprechen, zusammenzuarbeiten und Informationen sowie Erfahrungen auszutauschen. Nach anfänglicher Skepsis packten sie die Gelegenheit schon bald am Schopf.

„Nachdem wir uns Anfang der neunziger Jahre als Unternehmen von Menschen definiert hatten, die ungebremst danach strebten zu lernen und Erfahrungen auszutauschen“, hieß es im Jahresbericht von 1997, „wurde es für uns alle undenkbar, die Tyrannen, die Platzhirsche, die Autokraten, die großen Stars zu tolerieren – geschweige denn einzustellen oder zu befördern. Sie waren einfach von gestern.“

In der nächsten Phase seiner Revolution leitete Jack Welch ein umfassendes Qualitätsprogramm ein. Es erhielt die Bezeichnung Six Sigma und wurde 1995 ins Leben gerufen. „Six Sigma hat sich wie ein Buschfeuer im ganzen Unternehmen ausgebreitet und verändert alles, was wir tun“, hieß es zwei Jahre später im Jahresbericht von GE.[21]

Welch über Six Sigma:
„Six Sigma hat sich wie ein Buschfeuer im ganzen Unternehmen ausgebreitet und verändert alles, was wir tun.“

Die Funktion von Six Sigma bestand im wesentlichen darin, die Verantwortung für die Qualität zu verteilen. Diese wurde von einer reinen Produktionsangelegenheit zu einer Aufgabe für jedes einzelne Mitglied des Unternehmens. „Wir lösten die alte Qualitätsabteilung auf, weil sie ein Randdasein fristete. Heute ist die Qualität Sache des Unternehmensleiters, des Managers, des Mitarbeiters – sie ist jedermanns Sache", erklärte Welch.[22]

Die drei Entwicklungsphasen – Zerstörung, Neuaufbau und Qualität – haben General Electric ein neues Gesicht gegeben. Der leistungsfähige Riese bleibt ein leistungsfähiger Riese, doch heute ist dieser Riese schlank und behend. Die Zahlen belegen das.

Im Jahr 1981, als Jack Welch als Unternehmensleiter antrat, beliefen sich die Vermögenswerte von General Electric auf 20 Mrd. Dollar, und das Unternehmen erzielte Einnahmen von 27,24 Mrd. Der Gewinn betrug 1,65 Mrd. Dollar. Mit seinen weltweit 440.000 Mitarbeitern hatte GE einen Marktwert von 12 Mrd. Dollar.

Bis 1997 waren die Aktiva auf 272,4 Mrd. und die Einnahmen auf 79,18 Mrd. Dollar angewachsen. 260.000 Mitarbeiter, also verblüffende 180.000 weniger als 16 Jahre zuvor, erzielten einen Gewinn von 7,3 Mrd. Dollar. Der Marktwert des Unternehmens belief sich auf 200 Mrd. Dollar.

General Electric ist heute in über hundert Ländern tätig und betreibt Fertigungsanlagen in 26 Ländern. Der Personalstand liegt bei 276.000 Personen, von denen 165.000 in den Vereinigten Staaten tätig sind. Die Einnahmen des Unternehmens beliefen sich im Jahr 1997 auf 90,84 Mrd., der Nettogewinn auf 8,203 Mrd. Dollar. Aus dem Jahresbericht 1997 ging hervor, daß General Electric weltweit den höchsten Marktwert aller Unternehmen hatte, nämlich 300 Mrd. Dollar. Der Gesamtkonzern nahm zuletzt den fünften Rang unter den Fortune 500 ein. Neun Unternehmensbereiche von GE würden für sich genommen Aufnahme unter die 50 größten Unternehmen finden. General Electric bleibt ein Unternehmensgigant, der anscheinend jedoch an den richtigen Stellen Gewicht zugelegt hat.

Die Geschäfte von General Electric

- **Flugzeugtriebwerke:** Im Geschäftsjahr 1996/97 erhielt GE weltweit bei 70 Prozent der Großaufträge aus der zivilen Luftfahrt den Zuschlag. GE ist der weltweit größte Hersteller großer und kleiner Düsentriebwerke für Flugzeuge.
- **Haushaltsgeräte:** GE Appliances verkauft in 150 Ländern jährlich über 10 Millionen Haushaltsgeräte, darunter Kühlschränke, Tiefkühlgeräte, Elektroherde, Geschirrspüler und Waschmaschinen. Zu seinen Marken zählen Monogram, GE Profile, Hotpoint, RCA und zahlreiche Hausmarken.
- **Kapitaldienstleistungen:** GE Capital ist der Stern am Himmel von General Electric. Aus einem Nebengeschäft hat sich ein leistungsfähiger diversifizierter Finanzdienstleister entwickelt.
- **Industriesysteme:** Stromunterbrecher, Vermittlungen, Transformatoren, Schaltgeräte, Zähler usw.
- **Informationsdienste:** Lösungen für den elektronischen Handel zwischen Unternehmen. GE betreibt die mit über 40.000 Partnern größte elektronische Handelsgemeinschaft in der Welt.
- **Beleuchtung:** GE liefert für den Konsum, für gewerbliche sowie für industrielle Zwecke Beleuchtungsgeräte von Halogenlampen bis zu Außenbeleuchtungen.
- **Medizinische Systeme:** Diagnostische Darstellungstechnologie einschließlich Röntgengeräten.
- **Fernsehen:** GE ist Inhaber des Fernseh-Networks NBC, das unter anderem die amerikanischen Übertragungsrechte an den Olympischen Spielen bis zum Jahr 2008 besitzt. Zu den zahlreichen anderen Sendern gehören CNBC und MSNBC.

- **Kunststoffe:** Technische Kunststoffe für eine Vielzahl industrieller Anwendungen, darunter Bau und Computer.
- **Stromsysteme:** Entwicklung, Herstellung und Betreuung von Gas-, Dampf und hydroelektrischen Turbinen und Generatoren sowie von umstrittenen Kernbrennstoffen und Dienstleistungen für die Atomindustrie.
- **Transportsysteme:** Lokomotiven und ähnliche Produkte. GE produziert mehr als die Hälfte der in Nordamerika verkauften Diesellokomotiven.

General Electric: Zahlenspielereien[23]

Personalstand:	*276.000 (165.000 in den USA)*
Einnahmen:	*$ 90,84 Mrd.*
Nettogewinn:	*$ 8,203 Mrd.*
Marktwert:	*$ 300 Mrd.*
Wert der Exporte:	*$11,3 Mrd.*
Internationale Einnahmen:	*$ 38,5 Mrd. (42%)*
Aufwendungen für neue Anlagen und Ausrüstung:	*$ 2,2 Mrd.*
F&E-Aufwendungen:	*$ 1,9 Mrd.*
Gesamtvermögen:	*$ 304 Mrd.*

Jack Welch, der große Managementheld

Applaus brandet auf. Egal ob als „Neutronen-Jack" oder als Erfinder von Six Sigma: Jack Welch hat in den Medien mehr Aufmerksamkeit gefunden, als sich die meisten Unternehmensleiter erträumen dürfen. Zumeist waren die Kritiken gut. „Wenn Führung eine Kunst ist, dann ist Jack Welch sicherlich ein großer Künstler", hieß es einmal in *Business Week*. In derselben Zeitschrift war zu lesen, Welch sei der „Maßstab, an dem andere Unternehmensleiter gemessen werden."[24]

Dennoch bleibt Jack Welch ein zugänglicher Mensch, für den viele – nicht nur bei GE – Zuneigung empfinden. Seine einfache Herkunft, seine unverblümte Art und sein gewaltiger Erfolg stellen eine anziehende Kombination dar. Er ist bodenständig. Alle Welt nennt ihn Jack. Wenn er spricht, ist immer noch ein leichtes Stottern zu hören. „Mit seinem muskulösen, gedrungenem Körperbau, seinem fülligen Gesicht und dem Bostoner Tonfall wirkt dieser 62 Jahre alte Mann, dessen Haarschopf sich bereits weit zurückgezogen hat, eher wie ein Busfahrer in Beacon Hill", hieß es einmal in *Business Week*.[25]

Alles in allem war es eine ziemlich markante Wende. Persönlich hat sich Welch vom Zerstörer par excellence und Unternehmensfeind Nummer Eins zu einem mächtigen Erbauer gewandelt. „Aus dem Buhmann des letzten Jahrzehnts ist der stürmisch gefeierte CEO dieses Jahrzehnts geworden", verkündete *Industry Week* im Jahr 1994.[26] Aus dem unternehmerischen Höllenfürst der achtziger Jahre wurde das Vorbild für den Manager des 21. Jahrhunderts. „Die

„Aus dem Buhmann des letzten Jahrzehnts ist der stürmisch gefeierte CEO dieses Jahrzehnts geworden."

beiden größten Unternehmensführer des Jahrhunderts sind Alfred Sloan von General Motors und Jack Welch von GE. Und Welch könnte als der Bedeutendere von beiden bezeichnet werden, da er ein neues, zeitgenössisches Unternehmensparadigma entwickelt hat, das als Modell für das 21. Jahrhundert dienen kann", meint Noel Tichy von der University of Michigan, der Jack Welchs Methode der Unternehmensführung seit vielen Jahren beobachtet.[27]

Auch General Electric hat einen grundlegenden Wandel durchgemacht. Das Unternehmen siechte nicht gerade dahin, doch es war auch nicht mehr unbedingt dynamisch. Unter Welch hat sich GE von einem unbeweglichen Moloch zum rasch wachsenden Modell für ein zukunftsorientiertes Unternehmen gewandelt, das sich mit ständig wachsender Geschwindigkeit weiterentwickelt.

Dieser Wandlung liegen ein einheitlicher Managementansatz und eine kohärente Geschäftsphilosophie zugrunde: die Jack-Welch-Methode. Ich habe zehn zentrale Elemente von Jack Welchs Führungsstil herausgearbeitet:

1. **Investiere in die Menschen.** Menschen sind wichtig. Das Gespräch mit Mitarbeitern nimmt einen beträchtlichen Teil von Jack Welchs Zeit in Anspruch, ebenso die Ausbildung von Mitarbeitern für die Zukunft. Welch spricht mit den Leuten, predigt, redet ihnen zu und schult sie. Doch vor allem stellt er eine Beziehung zu ihnen her.

2. **Erringe die Herrschaft auf deinem Markt ... oder suche das Weite.** Jack Welch hat eine klare Entscheidung gefällt: Er hat keine Zeit für Unternehmen, die auf ihrem Markt den vierten oder fünften Rang einnehmen. Er will den ersten oder knappen zweiten Platz. Es geht darum, die Marktführung zu erringen und den Markt geradewegs in die gewünschte Richtung zu führen. Wenn das nicht möglich ist, sollte man das Unternehmen verkaufen und sich nach etwas anderem umsehen.

3. **Immer in Bewegung bleiben.** Jack Welch ist rastlos. Trotz einer Herzoperation hält er niemals inne. Dieselbe Energie hat er General Electric eingeimpft. Sein Unternehmen ruht sich nie auf seinen Lorbeeren aus. Es ändert sich ständig. Es kommt seinen Zielen immer näher, indem es nie an einem Ort innehält.

4. **Service ist alles.** Vor Jack Welch war General Electric eine gute alte Herstellungsfirma mit rauchenden Schornsteinen. Jack Welch machte das Unternehmen mit der Dienstleistung vertraut. Heute ist GE ein Dienstleistungsunternehmen, das auch produziert. Ebenso wie GE ein Hersteller von Haushaltsgeräten ist, ist es auch ein Finanzdienstleister und ein Informationsunternehmen. Die Bindeglieder zwischen seinen Aktivitäten sind Qualität und Service.

5. **Schau nach vorne, nicht zurück.** Für ein Unternehmen mit einer so ruhmreichen Geschichte ist General Electric unter Jack Welch sehr zukunftsorientiert geworden. GE ist offen für alles Neue – sei es nun die Informationstechnologie oder das Internet. Welch hat eine Vision von der Zukunft. Er spricht mit Begeisterung von der Zukunft. Und GE schafft die Zukunft.

6. **Lerne und leite.** Die vorbildliche Führungskraft der Zukunft ist kein Unternehmensdiktator. Vielmehr ist sie gewillt zu lernen, zu entscheiden und vorwärtszugehen. Falsche Entscheidungen bergen auch Chancen. Aus den Fehlern zu lernen ist wichtiger als im Erfolg zu schwelgen.

7. **Kein leeres Gerede.** Jack Welch kommuniziert. Er spricht geradeheraus. Ob er nun zu den Arbeitern in einem Werk von GE, zu Managern in einer Schulung oder zu Industrieanalysten spricht: Er äußert sich stets mit leidenschaftlicher Klarheit. Er nennt die Dinge beim Namen.

8. **Der Bürokratie keine Chance.** Voller Enttäuschung über die Zeitverschwendung durch Bürokratie und Hierarchien wollte Jack Welch General Electric bereits nach einem Jahr wieder verlassen. Er ließ sich zum Bleiben überreden, aber seine Abneigung blieb bestehen. Seit er an der Spitze steht, hat Welch die Bürokratie erbarmungslos bekämpft.

9. **Bleib deinem Unternehmen treu.** Angeblich sind die Zeiten vorbei, in denen die Menschen ihr Leben in einem einzigen Unternehmen verbringen konnten. Doch Jack Welch hat gut daran getan, seinem Arbeitgeber die Treue zu halten. Wie ist es ihm gelungen, sich in einem einzigen Unternehmen zu entwickeln?

10. **Managen wie im Laden an der Ecke.** Jack Welch führt General Electric so, als wäre es ein Lebensmittelladen an der Ecke. Hier wie dort zählen dieselben Dinge: Qualität und Service, Cashflow, ein guter Blick dafür, was sich verkauft, welche Teile des Geschäfts gut funktionieren, und natürlich die Menschen. Dabei ist es unerheblich, daß man Atomkraftwerke und nicht Süßigkeiten verkauft.

Anmerkungen

1 Lowe, Janet, *Jack Welch Speaks* (New York: John Wiley, 1998).

2 Peters, Tom, *Thriving on Chaos* (New York: Alfred A Knopf, 1987).

3 Mintzberg, Henry.

4 Swoboda, Frank, „Jack Welch and the boundaryless company." In: *Washington Post,* 27. Februar 1994.

5 „Passing the torch." In: *Monogram,* Januar-Februar 1981.

6 Tichy, Noel und Sherman, Stratford, *Control Your Own Destiny or Someone Else Will* (New York: Doubleday Currency, 1993).

7 De Geus, Arie, *The Living Company* (Boston: Harvard Business School Press, 1997).

8 Pascale, Richard, *Managing on the Edge* (New York: Simon & Schuster, 1990).

9 Porras, Jerry und Collins, *James, Built to Last* (New York: Century, 1997).

10 Elfun Society History. Abrufbar unter: *www.elfun.org.*

11 Hambrick, D, und Fukotoni, GDS, „The seasons of a CEO's tenure." In: *Academy of Management Review,* Vol 16, Nr. 4, 1991.

12 Pascale, Richard, *Managing on the Edge* (New York: Simon & Schuster, 1990).

13 Ebda.

14 Vicere, Albert und Fulmer, Robert, *Leadership By Design* (Boston: Harvard Business School Press, 1998).

15 Pascale, Richard, *Managing on the Edge* (New York: Simon & Schuster, 1990).

16 Welch, Jack, „Shun the incremental and go for the leap." In: *Financier,* Juli 1984.

17 Peters, Tom, *The Circle of Innovation* (New York: Knopf, 1997).

18 Vicere, Albert und Fulmer, Robert, *Leadership by Design* (Boston: Harvard Business School Press, 1998).

19 Jahreshauptversammlung von General Electric, 1990.

20 Lowe, Janet, *Jack Welch Speaks* (New York: John Wiley, 1998).

21 Byrne, John, „How Jack Welch runs GE." In: *Business Week,* 8. Juni 1998.

22 Lowe, Janet, *Jack Welch Speaks* (New York: John Wiley, 1998).

23 General Electric Jahresbericht 1997.

24 Smart, Tim, „Jack Welch's encore." In: *Business Week,* 28. Oktober 1996.

25 Byrne, John, „How Jack Welch runs GE." In: *Business Week,* 8. Juni 1998.

26 Day, Charles R. Jr. und LaBarre, Polly, „GE: Just your average everyday $60 billion family grocery store.“ In: *Industry Week,* 2. Mai 1994.

27 Byrne, John, „How Jack Welch runs GE.“ In: *Business Week,* 8. Juni 1998.

1 Investiere in die Menschen

Der kostbarste Besitz eines Unternehmens sind nicht die finanziellen Aktiva. Sein kostbarster Besitz sind die Menschen, die im Unternehmen arbeiten, das Wissen, das sie in ihren Köpfen umhertragen, und ihre Fähigkeit, miteinander zu arbeiten.

Robert Reich[1]

Die Macht des Volkes

Wie oft haben Sie schon einen Unternehmensleiter verkünden hören, die Menschen seien der wichtigste Vermögenswert seines Unternehmens? Sehr oft wahrscheinlich. Wie viele Manager meinen solche Aussagen ernst? Wie viele setzen diesen Slogan tatsächlich Tag für Tag in die Praxis um? Nicht viele.

„Wenn ein Manager erst einmal soweit ist, mit der Leitung eines Unternehmens betraut zu werden, denkt er nur noch ans Überleben und ans Geld. Er muß den Forderungen der Kapitalmärkte, der Aktionäre usw. entsprechen. Selbst wenn er wirklich versucht, sein Handeln am Menschen auszurichten, wird eine Finanzkrise stets seine gesamte Aufmerksamkeit fesseln", erklärt Ed Schein vom Massachusetts Institute of Technology (MIT).[2] Jack Welch scheint eine Ausnahme zu sein. Die Menschen sind der Mittelpunkt, um den seine Führungsmethode kreist. Die Menschen zählen – zumindest gibt er ihnen das Gefühl zu zählen. Dazu Jack Welch: „Wir setzen voll auf unsere Leute – wir ermächtigen sie zu eigenständigem Handeln, geben ihnen die erforderlichen Mittel und stehen ihnen nicht im Weg."[3]

Zunächst einmal investiert Welch einfach dadurch in die Menschen, daß er Zeit mit ihnen verbringt. Er selbst schätzt, daß er etwa die Hälfte seiner Zeit mit den Mitarbeitern von General Electric verbringt, um sie kennenzulernen und mit ihnen über ihre Probleme zu sprechen. Und natürlich zieht er sie zur Rechenschaft, wenn ihre Leistungen

Jack Welch über Menschen:
„Der Ideenreichtum des menschlichen Geistes ist unbegrenzt."

schlecht sind. Schätzungen zufolge kennt er rund tausend Personen im Unternehmen namentlich und weiß ziemlich genau, worin ihre Aufgaben bestehen.

Diesen Zugang wählt er, weil er die Möglichkeiten der Menschen optimistisch einschätzt. „Der Ideenreichtum des menschlichen Geistes ist unbegrenzt. Man muß das Reservoir nur erschließen. Ich mag das Wort Effizienz nicht. Ich spreche von Kreativität. Ich bin fest davon überzeugt, daß jeder einzelne Mensch zählt."[4]

Hier geht es nicht um „menschliche Wärme am Arbeitsplatz". Jack Welch will die besten Leute. Er will sie einstellen und umschulen, weil das gut für sein Geschäft ist. „Es ist einfach so, daß wir uns nichts anderes als Teams mit Spitzenspielern leisten können", sagt er. „Was ist ein Spitzenspieler? Auf der Führungsebene ist das eine Person, die eine Vision hat und sie dem Team so lebhaft vermitteln kann, daß sich dieses dieselbe Vision zu eigen macht. Ein Spitzenspieler verfügt über große persönliche Energie und darüber hinaus über die Fähigkeit, andere mit Energie zu erfüllen und das Beste aus ihnen herauszuholen. Und ein Spitzenspieler besitzt den Instinkt und den Mut, die man braucht, um harte Entscheidungen zu fällen – entschieden, aber zugleich fair und integer."[5]

Es liegt auf der Hand, daß Jack Welch von seinen Leuten Leistung erwartet. Er besteht darauf, daß die Belohnungen nicht nur an die Unternehmensleistungen, sondern auch an die individuellen Ergebnisse gebunden werden, und sorgt dafür, daß die Gegenleistungen des Unternehmens sorgfältig überwacht und von Geschäftsbereich zu Geschäftsbereich und Person zu Person differenziert werden. Die Botschaft lautet: Wenn du gewinnst, gewinnen wir alle. Das ist der Grund dafür, daß 27.000 Mitarbeiter von General Electric Aktienoptionen besitzen.

Jack Welch verbringt nicht nur Zeit mit den Mitarbeitern, sondern bekennt sich auch immer wieder zu ihrer Förderung. Gleich zu Beginn seiner Amtszeit gab er folgendes Versprechen ab: „Ich will eine Revolution auslösen, und ich will, daß sie von Crotonville ausgeht.“[6] In Crotonville befindet sich das legendäre, im Jahr 1956 gegründete Management Development Center von General Electric. Welch ist ein regelmäßiger Besucher und Lehrer in diesem Zentrum. Schätzungen besagen, daß er in 250 Sitzungen persönlich zu 15.000 Managern des Unternehmens gesprochen hat.

„Ich will eine Revolution auslösen, und ich will, daß sie von Crotonville ausgeht.“

Die von Crotonville aus verbreitete Botschaft lautet, daß die Entwicklung der Mitarbeiter eine zu wichtige Aufgabe ist, um sie Wirtschaftsuniversitäten oder Ausbildungsunternehmen zu überlassen. Crotonville sieht seine Mission darin, „die globale Wettbewerbsfähigkeit von GE als Instrument des kulturellen Wandels einzusetzen, indem man den geschäftlichen Scharfblick, die Führungsfähigkeiten und die Organisationseffizienz der Mitarbeiter von GE erhöht.“ Noel Tichy, der ehemals einen Direktorenposten in Crotonville innehatte und heute an der University of Michigan unterrichtet, hat Crotonville als „Ausgangspunkt einer Unternehmensrevolution“ bezeichnet.[7]

Auch wenn man derart kühne Aussagen beiseite läßt, besteht wenig Zweifel daran, daß Crotonville General Electric einen klaren Startvorsprung vor den meisten Konkurrenten verschafft hat. Nur wenigen anderen Unternehmen ist es derart häufig und über einen so langen Zeitraum hinweg gelungen, die besten Managementkonzepte ihren spezifischen Umständen anzupassen. Vom Management by Objectives in den fünfziger Jahren bis zu Six Sigma in den Neunzigern hat sich GE sehr erfolgreich die besten Managementideen herausgepickt. Und in Crotonville wurde Generationen von Managern GEs Unternehmenskultur eingeimpft. (Die Macht dieses Ortes ist so groß, daß Ed Schein vom MIT in seiner Arbeit über Unternehmenskulturen die in Crotonville und ähnlichen Einrichtungen angewandten Verfahren mit den in Kriegszeiten angewandten Praktiken der Gehirnwäsche verglichen hat. Manche Leute verstehen dies möglicherweise als Kompliment.)

Erst in jüngster Zeit ist das Crotonville-Modell in Mode gekommen. Besonders ausgeprägt ist der Trend zur eigenständigen Managemententwicklung in den Vereinigten Staaten, wo es mittlerweile über 1000 Unternehmenshochschulen gibt. Sie sind von unterschiedlichster Gestalt und Größe und existieren in praktisch allen Branchen. Die in Ohio ansässige Dana Corporation, die Automobilteile herstellt, hat die Dana University gegründet; Ford hat seine Heavy Truck University in Detroit; Intel betreibt eine Universität in Santa Clara; Sun Microsystems hat die Sun U; und Apple besitzt eine eigene Universität im kalifornischen Cupertino.

Die Ausbreitung der Unternehmensuniversitäten ist im wesentlichen auf zwei Gründe zurückzuführen: Erstens werfen Kritiker den herkömmlichen Wirtschaftsuniversitäten immer wieder vor, zu weit entfernt von der wirtschaftlichen Realität zu sein. Diese von breiten Kreisen wahrgenommene Schwäche wollen die Unternehmenshochschulen nutzen. Eine Wirtschaftsuniversität kann Jack Welch nicht zu einem Vortrag über Führungsmethoden bewegen.

Der zweite Grund besteht in der Erkenntnis, daß das Überleben in Zukunft vor allem von der Fähigkeit abhängen wird, die persönliche Entwicklung der Mitarbeiter zu fördern. Und diese Aufgabe ist zu wichtig, um sie einer außenstehenden Einrichtung zu übertragen. Aus amerikanischen Studien geht hervor, daß Unternehmen, die eigene Ausbildungsstätten besitzen, 2,5 Prozent der Personalkosten und damit das Doppelte des nationalen Durchschnittswertes für die Ausbildung ausgeben. Es ist nicht die Art von General Electric, etwas derart Wichtiges in die Hände von Außenstehenden zu legen.

Es liegt auf der Hand, daß die Dozenten und Ausbildungsmaterialien in Crotonville eine gewaltige Investition darstellen. Unternehmensuniversitäten sind nichts für schwache Nerven. Sie sind ungemein teuer. Jeanne Meister kam in einer Studie zu dem Ergebnis, daß der durchschnittliche Jahreshaushalt einer amerikanischen Unternehmensuniversität bei 12,4 Millionen Dollar liegt (obwohl 60 Prozent der Einrichtungen angaben, ein Budget von 5 Mio. oder weniger zu haben). Die National Semiconductor University, die im Jahr 1994 ihre Pforten öffnete, bietet auf 2.000 Quadratmetern neun Hörsälen und 430 Studenten Platz. Solche Einrichtungen kosten – wie die Wirtschaftsuniversitäten seit Jahren beteuern – viel Geld. Der Betrieb der Intel University kostete das Unternehmen im Jahr 1996 sage und schreibe 150 Mio. Dollar. Crotonville ist eine Investition in die Menschen – eine gewaltige Investition.

Plane für die Zukunft

Jack Welch sucht nicht nur den Kontakt zu seinen Mitarbeitern und entwickelt ihre Fähigkeiten, sondern investiert auch in die Zukunft des Unternehmens. Er macht sich Gedanken über seine Nachfolge. Er will Einfluß auf die Zusammensetzung des nächsten Führungskaders nehmen. Er will, daß General Electric noch lange nach seinem Ausscheiden Bestand hat. In vielen Bereichen hat Jack Welch bereits das Staffelholz übergeben. Sein Vorgänger Reg Jones verhielt sich ganz ähnlich und bereitete Welch Schritt für Schritt auf seine zukünftige Rolle vor.

Eine solche Nachfolgeplanung ist sinnvoll. Sie wird vielerorts als gute Managementpraxis betrachtet. Daher ist es verwunderlich, daß es nur derart wenige Fälle gibt, in denen sie tatsächlich erfolgreich praktiziert wird. Die Gründe dafür sind zweifellos vielschichtig, doch es drängt sich der Verdacht auf, daß die Nachfolgeplanung nicht zuletzt deshalb eine seltene Ausnahme ist, weil die Spitzenmanager sich eigentlich nicht dafür interessieren, was mit dem Unternehmen geschehen wird, nachdem sie einmal gegangen sind. Vielleicht sind sie auch zu sehr in ihren alltäglichen Aktivitäten gefangen, um über die Gegenwart hinaus denken zu können. Und manch ein Spitzenmanager dürfte sich in der Vorstellung gefallen, ein unsterblicher Unternehmensführer zu sein.

Doch der Blick in die Zukunft und die Vorbereitung der nächsten Generation von Führungskräften stellt eine zentrale Aufgabe der Unternehmensleitung dar. Ein Machtvakuum zu hinterlassen, kann kaum als effektive Führung bezeichnet werden. „Effektive Führungskräfte erkennen, daß die Qualität der Führung letzten Endes daran gemessen wird, ob der Erfolg von Dauer ist, und diese Dauerhaftigkeit erfordert die unablässige Hege der kommenden Generation von Führungskräften", erklärt Noel Tichy.[8] Die Führungskräfte von heute müssen also in die Entwicklung der Führungskräfte von morgen investieren und den direkten Kontakt zu jenen pflegen, die in ihre Fußstapfen treten werden.

> ***„Effektive Führungskräfte erkennen, daß die Qualität der Führung letzten Endes daran gemessen wird, ob der Erfolg von Dauer ist, und diese Dauerhaftigkeit erfordert die unablässige Hege der kommenden Generation von Führungskräften."***

Tichy führt eine Reihe von Beispielen an. Larry Bossidy, CEO von AlliedSignal (der früher bei GE tätig war), schleuste sämtliche 86.000 Mitarbeiter des Unternehmens durch ein Entwicklungsprogramm und schaffte es, in seinem ersten Jahr an der Spitze von AlliedSignal persönlich zu 15.000 von ihnen zu sprechen.[9] Innerhalb von sechs Jahren erhöhte Bossidy den Marktwert des Unternehmens um 400 Prozent. Zu den weiteren von Tichy angeführten Beispielen zählen die üblichen Verdächtigen: Andy Grove von Intel, Jack Welch und Lee Platt von Hewlett-Packard.

Tichy glaubt, daß ein Unternehmensleiter drei Dinge mitbringen muß, um Führungsfähigkeiten an andere weitergeben zu können. Erstens braucht er einen „vermittelbaren Standpunkt“: „Sie müssen imstande sein, klar und überzeugend darüber zu sprechen, wer Sie sind, warum Sie da sind und wie Sie vorgehen.“ Zweitens braucht die Führungskraft eine Geschichte: „Die Menschen lernen voneinander, indem sie einander spannende Geschichten erzählen.“ Darin sieht Tichy die Erklärung dafür, daß Bill Gates und seinesgleichen das Bedürfnis verspüren, Bücher zu schreiben.

Drittens bedarf es einer Lehrmethode, um das Staffelholz richtig weitergeben zu können. Und: „Um ein großer Lehrer zu sein, muß man ein großer Lernender sein.“ Die großen Unternehmensleiter dürsten nach immer neuem Wissen und betrachten ihr Wissen nicht als statisch oder umfassend.

Welch besteht alle drei Prüfungen mit Bravour. Er unterrichtet mit großem Vergnügen in Crotonville. Er sucht den Kontakt zu den Menschen, weil er unbedingt mehr über sie und ihre Probleme herausfinden will. Und wie wir noch sehen werden, zählt das Lernen zu den Grundpfeilern seiner Führungsmethode.

Investiere in die Menschen

- ***Kommunikation mit allen.*** *Führung wird nicht in einem Vakuum ausgeübt, sondern die Führungskraft muß andere in die Lage versetzen, ihr Potential auszuschöpfen, indem sie innerhalb und außerhalb des Unternehmens kommuniziert. Sprechen Sie mit den Leuten!*

- ***Isolation vermeiden.*** *„Führung bedeutet, ein Bekenntnis zu den Menschen abzugeben", sagt Sir Colin Marshall, Chairman von British Airways, und schließt eine Warnung an: „Die Spitze der Unternehmenshierarchie muß in Kontakt mit der ausführenden Ebene bleiben. Fehlt dieser Kontakt, so wird sie rasch vom Leben des Unternehmens abgeschnitten."[10]*
  Kommunikation ist eine Lebensaufgabe. Die Führungskraft, der es nicht gelingt, mit ihren Untergebenen zu kommunizieren, wird bald zu einem Gefangenen auf der Führungsetage.
  Allen großen Führungskräften scheint es zu gelingen, die Isolation intuitiv und relativ leicht zu vermeiden. Einfache Sterbliche hingegen müssen ständig auf der Hut sein, den Kontakt zu ihrer Umgebung nicht zu verlieren.
  Dies ist die Antithese der von der traditionellen Führungsschule vertretenen Vorstellung vom „großen Mann", der zwangsläufig ein unbezähmbarer Einzelgänger ist. Die Führungskräfte von heute stehen der Vorstellung, eine objektive Distanz zu bewahren, skeptisch gegenüber. Sie wissen, daß Objektivität auch dazu führen kann, daß man den Boden unter den Füßen verliert. Daher bemühen sie sich um Menschlichkeit und

Zugänglichkeit. Und mit der Erkenntnis, daß Führungskräfte auch Menschen sind, geht das Wissen einher, daß sie so wie andere Menschen fehlbar sind.

- ***Die Fähigkeiten der Menschen für die Gegenwart und für die Zukunft entwickeln.*** *Begabung ist die knappste aller Ressourcen. Eine Studie von McKinsey & Co., in deren Rahmen fast 6000 Manager in 77 Unternehmen befragt wurden, kam zu dem Ergebnis, daß die Jagd nach talentierten Mitarbeitern nie so intensiv war wie heute. Ed Michaels von McKinsey bringt es auf den Punkt: „Das einzige, was zählt, ist Talent. Talent setzt sich durch."[11] General Electric hat schon vor langer Zeit erkannt, daß die Entwicklung der eigenen Talente die beste Garantie für Erfolg im Wettbewerb darstellt. Im Gegensatz zu Strategien kann Talent nicht leicht nachgeahmt werden. Das Problem wird in den Vereinigten Staaten von der demographischen Entwicklung verschärft: In 15 Jahren wird der Anteil der 35- bis 45jährigen an der Gesamtbevölkerung um 15 Prozent geringer sein als heute.*
  Um die besten Leute anzuziehen, muß ein Unternehmen eines oder mehrere der folgenden vier Kriterien erfüllen: Die Menschen wollen Unternehmen angehören, die in dem Ruf stehen, Gewinner zu sein. Sie suchen Unternehmen, in denen hohe Risiken mit hohen Gehältern einhergehen, Unternehmen, die als Branchen- oder Weltmarktführer angesehen werden oder ihrem eigenen Lebensstil entsprechen. Diese Faktoren zu mißachten, ist gefährlich für die Unternehmen.

- ***Die Nachfolge planen.*** *Eine Führungskraft muß nicht nur in der Gegenwart aktiv führen, sondern auch für die zukünftige Führung der Organisation vorsorgen.*

Manche großen Führungskräfte – Beispiele sind Winston Churchill oder Margaret Thatcher – haben dies außer acht gelassen. Wer seine Nachfolge vernachlässigt, läuft Gefahr, sein Erbe zu schmälern.
Der britische Spitzenmanager Sir Adran Cadbury beschreibt vielleicht am besten die Bedeutung der Nachfolgeplanung. In seinen Augen ist eine Führungskraft, die die Personen in ihrer Umgebung vernachlässigt, eigentlich unfähig zu führen: „Wirkliche Führungskräfte ermutigen ihre Gefolgsleute, ihre Talente zu entwickeln und an Statur zu gewinnen. Sie bauen ihre eigenen Nachfolger auf, so daß ihre Führung irgendwann einmal nicht mehr benötigt wird. Schlechte Führungskräfte nehmen ihren Gefolgsleuten die Fähigkeit, selbst zu entscheiden, und halten sie statt dessen in Knechtschaft und schmälern ihren persönlichen Wert. Eigentlich sind die Kriterien einfach: Gute Führungskräfte fördern die Menschen in ihrer Umgebung, schlechte bremsen sie. Gute Führungskräfte dienen ihren Gefolgsleuten, schlechte versklaven sie."

Anmerkungen

1 Crainer, Stuart, *The Ultimate Book of Business Quotations* (Oxford: Capstone, 1997).

2 Vom Autor geführtes Interview.

3 Stewart, Thomas, „GE keeps those ideas coming." In: *Fortune,* 12. August 1991.

4 Byrne, John, „How Jack Welch runs GE." In: *Business Week,* 8. Juni 1998.

5 General Electric Jahresbericht 1997.

6 Tichy, Noel und Sherman, Stratford, *Control Your Destiny or Someone Else Will* (New York: Doubleday Currency, 1993).

7 Ebda.

8 Tichy, Noel, „The mark of a winner." In: *Leader to Leader,* Herbst 1997.

9 Bossidy trug wesentlich zur Einführung der Six Sigma-Qualitätsinitiative bei GE bei; AlliedSignal hatte diese Veränderung bereits hinter sich.

10 Vom Autor geführtes Interview.

11 Fishman, Charles, „The war for talent." In: *Fast Company,* 16, August/September 1998.

2 Erringe die Herrschaft auf deinem Markt ... oder suche das Weite

Bist du einmal in lukrativen Geschäften und verfügst über solche Größenvorteile wie wir, so ist die Chance, das plötzlich alles den Bach runtergeht, verschwindend gering. Ein globale Rezession in sämtlichen Geschäftsbereichen könnte uns bremsen. Aber wir würden weniger gebremst als 99,9 Prozent der Unternehmen in der Welt.

Jack Welch[1]

Der Zauber des Marktanteils

Der Marktanteil rückte erstmals in den sechziger Jahren in den Mittelpunkt des öffentlichen Interesses. Einigen Anteil daran hatte die Marktwachstums/Marktanteils-Matrix der Boston Consulting Group. Anhand dieser Matrix sollte es möglich werden, das Marktwachstum und den relativen Marktanteil sämtlicher Unternehmen in einer bestimmten Branche zu messen. Die Hypothese lautete, daß Unternehmen mit einem höheren Marktanteil und Wachstum höhere Gewinne erzielen würden. Je weiter links ein Unternehmen in der Boston-Matrix eingestuft wurde, desto stärker würde es demnach sein.

Die BCG entwickelte die Matrix zu einer Theorie des Cashmanagement, die eine vierstufige Hierarchie der Verwendungen der Barmittel beinhaltete. Richard Koch erläuterte das Konzept in seinem *Financial Times Guide to Strategy:*[2]

1. Der wirkungsvollste Einsatz des Geldes besteht darin, die „Cash-cows" zu verteidigen. Diese dürften nicht allzu oft Cash benötigen, aber wenn eine Investition in ein neues Werk oder neue Technologie erforderlich ist, sollte das Geld ohne zu zögern bereitgestellt werden.

2. Sodann sollte Geld in die „Sterne" gesteckt werden. Diese werden hohe Investitionen erfordern, um Marktanteile zu halten (oder zu gewinnen).

3. Die Schwierigkeiten beginnen bei der dritten Priorität der BCG: Um den Investitionserfordernissen der „Fragezeichen" zu genügen, sollte den „Cash-cows" Geld entzogen werden.

4. Die geringste Priorität hat die Investition in die „armen Hunde", in die nur wenig Geld gesteckt werden sollte, sofern es nicht sogar ratsam ist, es ihnen zu entziehen.

Der Marktanteil ist als Maßstab des Unternehmenserfolgs aus der Mode gekommen. Heute wird er allgemein als nützlicher Indikator betrachtet, gilt jedoch nicht länger als entscheidendes Kriterium erfolgreicher Unternehmenstätigkeit. Doch Jack Welch bleibt ein Anhänger des Marktanteils. Er hat nur Augen für „Sterne" und „Cash-cows".

Es erscheint seltsam, daß Welch so unerschütterlich darauf vertraut, einfach den Marktanteil zu messen, um festzustellen, wie gut ein Unternehmen funktioniert.

Tatsächlich sah er sich wegen seines Festhaltens am Marktanteil heftiger Kritik ausgesetzt. So stimmte Tom Peters in seinem 1992 erschienenen Buch *Liberation Management* ausnahmsweise mit Michael Porter, dem Wettbewerbsguru der Harvard Business School, überein: „Michael Porter hat den Unternehmensleiter Jack Welch wiederholt dafür kritisiert, daß er darauf beharrt, jede Geschäftseinheit von General Electric müsse in ihrer Branche den ersten, zweiten oder dritten Rang einnehmen. Ich teile seine Kritik, soweit sie sich gegen jene Manager richtet, die sich (wie Welch) am generellen Marktanteil orientieren, zum Beispiel am ‚Anteil am globalen Haushaltsgerätemarkt' oder am ‚Anteil am globalen Computermarkt'. Die Konzentration auf den Gesamtmarktanteil drängt ein Unternehmen automatisch in Schablonen, die auf lange Sicht seinen Ruin bedeuten. Es bemüht sich um Massenmärkte (hohe Umsätze) und versucht die Kunden durch Einschüchterung dazu zu bewegen, an seinen veraltenden Technologien festzuhalten."[3]

Warum also hat Jack Welch den Marktanteil wieder zum Leben erweckt? Die Gründe sind einfach:

Erstens ist der Marktanteil ein leicht verständlicher Bezugspunkt. Alle im Unternehmen, gleichgültig was sie tun und wo sie es tun, verstehen die Bedeutung des Marktanteils.

Zweitens gibt der Marktanteil den Unternehmen ein eindeutiges Kriterium zur Bewertung von Erfolg und Mißerfolg in die Hand. Sie wissen immer, wo sie stehen. Die anscheinend zweideutige Natur von Übernahmen und Veräußerungen wird beseitigt.

Drittens wird der Marktanteil nie zu einer alles beherrschenden Philosophie. Er ist keine Obsession, sondern nur ein brauchbarer Bezugswert. Tatsächlich wurde Jack Welch, wie wir noch sehen werden, von führenden Strategieexperten dafür gelobt, daß er ausgehend vom Marktanteil die Entwicklung vorantrieb.

Einen vierten Grund nennen Andrew Campbell, Michael Goold und Marcus Alexander in ihrem Buch *Corporate-Level Strategy:* „GE ist vor allem in Geschäften tätig, in denen der Marktanteil wichtig ist und über den Erfolg im Wettbewerb entscheidet. In solchen Geschäften erzeugt man Wert, indem man sich bemüht, auf den relevanten Märkten den ersten oder zweiten Rang einzunehmen. Umgekehrt fühlt sich GE weniger wohl in Geschäftsfeldern, in denen die Marktführung kaum Vorteile mit sich bringt oder in denen rasche Änderungen des Verbrauchergeschmacks beziehungsweise der Produkt- oder Prozeßtechnologie die Vorteile eines etablierten Marktführers untergraben können, und hat deshalb solche Geschäftsfelder eher gemieden."[4]

„GE ist vor allem in Geschäften tätig, in denen der Marktanteil wichtig ist und über den Erfolg im Wettbewerb entscheidet."

Der Kampf um den Marktanteil und darüber hinaus

Adrian Slywotsky, David Morrison und James Quella von Mercer Management Consulting haben den „Tod des Marktanteils" verkündet.[5] Sie sind der Ansicht, daß der Erfolg von drei „Fähigkeiten" abhängt: „Strategische Antizipation, also die Feststellung zukünftiger Chancen zur Werterzeugung, Unternehmensdesign, also die Gestaltung eines Unternehmens, das imstande ist, diese Chancen zu ergreifen, und Realisierung des Wertwachstums, das heißt der rasche und erfolgreiche Übergang vom alten zum neuen Unternehmensdesign."

Slywotzky, Morrison und Quella betrachten Jack Welchs Managementmethode bei General Electric in einem anderen Licht. Sie glauben, sein Erfolg beruhe auf strategischer Antizipation, Unternehmensdesign und Realisierung des Wertwachstums. Welch betrachtete anfangs eine beherrschende Marktposition als Grundlage der Stärke, als „Gewinnzone". Der Marktanteil wurde unablässig propagiert. Dann antizipierte er Veränderungen auf General Electrics Märkten. „Gute Produkte würden weiterhin die unverzichtbare Voraussetzung für gute Kundenbeziehungen sein, doch die neue Gewinnzone bildeten Lösungen, Dienstleistungen und Outsourcing", schreiben die Autoren des Beraterteams. Die Folge war, daß Welch „über das Produkt hinaus dachte und sich der gesamten wirtschaftlichen Gleichung der Verwendung des Produktes durch den Kunden zuwandte."

Also erfand sich GE neu und wurde zu einem Hersteller mit herausragenden Dienstleistungen – man nehme nur das explosive Wachstum von GE Capital Services (1995 war das Unternehmen genauso groß wie die drittgrößte Bank in den USA). GE ging über die Produktqualität hinaus und konzentrierte sich in seinem Six Sigma-Programm auf die Dienstleistungsqualität. Der Konzern blickte in die Zukunft, erfand sich neu und erhöhte auf diese Art den Wert für die Aktionäre.

Um eine derartige Transformation zu bewerkstelligen, meinen Slywotzky, Morrison und Quella, sei ein Wandel der Wahrnehmung in vier wesentlichen Aspekten erforderlich: „Statt einer Wahrnehmung, die von innen nach außen gerichtet ist, eine von außen nach innen gerichtete; von der Konzentration auf die Erträge zur Konzentration auf die Gewinne; von Produkt und Technologie zum Unternehmensdesign; vom Marktanteil zum Wertanteil." Bei GE ist der Wert zum neuen Kampfruf geworden, doch der Marktanteil bleibt ein wichtiger Maßstab.

Erringe die Herrschaft auf deinem Markt ... oder suche das Weite

- ***Klare Maßstäbe für den Erfolg festlegen.*** *Es entsteht leicht Verwirrung darüber, worin der Erfolg eigentlich besteht: Sind es die Umsätze, die Gewinne, der Aktionärsertrag oder die Kapitalrendite? Die Antwort lautet, daß der Erfolg an all diesen Maßstäben und an einer Reihe weiterer Kriterien gemessen wird. Jede Interessengruppe richtet ihr Augenmerk auf andere Maßstäbe. Indem Jack Welch den Marktanteil als Maßstab verwendet, fällt er kein endgültiges Urteil in dieser Frage, sondern legt einen Ausgangspunkt fest.*
- ***Einen Bezugspunkt schaffen und dafür sorgen, daß die Leute ihn verstehen.*** *Der Marktanteil ist nicht der einzige Sinn und Zweck von General Electrics Dasein. Aber er ist für alle leicht zu verstehen. Jack Welch verbringt viel Zeit damit, die Botschaft zu vermitteln, daß die Unternehmensbereiche auf ihren Märkten an die er-*

ste oder zweite Stelle vorstoßen müssen. So gibt er die Richtung vor.

- ***Entschiedenheit.*** *Der Marktanteil liefert einen klaren Meßwert. Meßwerte müssen Maßnahmen auslösen, anstatt in alle Ewigkeit gesammelt zu werden. Leistungswerte müssen zum Handeln anregen. Wenn ein Unternehmen die Forderungen nicht erfüllt, wird es verkauft. Eindeutige Kriterien ermöglichen es Welch, entschieden zu sein. Er kann sagen: „Ich habe Ihnen die Leistungsstandards vorgegeben, und Sie haben sie nicht erreicht." Das war's. Berater George Stalk von der Boston Consulting Group hat beobachtet: „Welch sagt ja, oder Welch sagt nein. Aber er wird nie vielleicht sagen. Viele Unternehmensleiter tun das, was zur Folge hat, daß die Entscheidungen liegen bleiben wie dreibeinige Pferde, die niemand erschießen will."*[6]

Anmerkungen

1 Jackson, Tony und Gowers, Andrew, „Big enough to make mistakes." In: *Financial Times,* 21. Dezember 1995.

2 Koch, Richard, *Financial Times Guide to Strategy* (London: F. T. Pitman,1995).

3 Peters, Tom, *Liberation Management* (New York: Alfred A. Knopf, 1992). [Deutsch: Jenseits der Hierarchien. Liberation Management (Düsseldorf: Econ 1993).]

4 Campbell, Andrew, Goold, Michael und Alexander, Marcus, *Corporate-Level Strategy* (New York: John Wiley, 1994).

5 Slywotzky, Adrian J., Morrison, David J. und Quella, James A., „Achieving sustained shareholder value growth." In: *Mercer Management Journal,* Nr. 10, 1998.

6 Byrne, John, „How Jack Welch runs GE." In: *Business Week,* 8. Juni 1998.

3 Immer in Bewegung bleiben

Der Chef des stolzen 60 Milliarden-Riesen General Electric ist weder beständig noch berechenbar. Sein Wahlspruch: Verändere alles, und wenn du damit fertig bist, mach noch mal alles anders.

Tom Peters[1]

Mit Köpfchen arbeiten

Wandle dich selbst und verändere deine Organisation – und zwar unablässig. So lauten die beiden untrennbar miteinander verbundenen Aufgaben, die es im Wirtschaftsleben von heute zu bewältigen gilt. Führungskräfte müssen sich ändern. Sie müssen neue Fähigkeiten entwickeln, um mit dem rasanten Wandel Schritt zu halten und ihre Chancen am Arbeitsmarkt zu erhalten.

Die Unternehmen müssen sich ebenfalls ändern. Die statische Organisation wird bald ihre letzte Ruhestätte auf dem Friedhof der Unternehmen finden.

Jack Welch hat sich als Meister sowohl der persönlichen als auch der Unternehmensveränderung erwiesen. Welch hält niemals inne und hat ein Unternehmen geschaffen, das sich genauso verhält.

In einem Artikel im *Wall Street Journal* hieß es: „Mr. Welch kann einen Tag mit einem Besuch in einem Werk verbringen, in ein Flugzeug springen, ein paar Stunden schlafen und von vorn anfangen. Zwischendurch macht er vielleicht noch kurz Halt in Sun Alley in Idaho, um, wie er sich ausdrückt, fünf Tage lang wie ein Verrückter Ski zu fahren."[2]

Führungspersönlichkeiten sind Energiebündel. Sie müssen es sein. Margaret Thatcher schlief vier Stunden, um sich am nächsten Morgen auf den nächsten Aktenberg zu stürzen. Lou Gerstner von IBM ist für seine Energie (und sein geringes Schlafbedürfnis) berühmt. Spitzenmanager reisen ständig und sehen trotzdem frisch aus, wenn sie mit einem

Bericht, den sie irgendwo über dem Ozean verfaßt haben, aus dem Flugzeug steigen. David Campbell vom Center for Creative Leadership beobachtet immer wieder, daß effektive Führungskräfte über ein außergewöhnlich hohes Maß an Energie verfügen.

Energie ist eine Voraussetzung für eine Führungsfunktion. Es wäre jedoch ein Fehler zu glauben, das Geheimnis von Jack Welchs Erfolg sei eher Quantität als Qualität. Um die Energie optimal zu nutzen, genügt es bei weitem nicht, schneller zu laufen oder härter zu arbeiten als andere. Jeder Mensch kann 16 Stunden am Tag arbeiten. Die Welt ist voll von hart arbeitenden Führungskräften, die ihre Gesundheit und ihr Familienleben für ihre Arbeit opfern. Doch wichtiger ist, wie man seine Zeit verbringt und ob man in der Lage ist, andere mit Begeisterung zu erfüllen. Die Qualität ist entscheidend. Quantität sichert heute keinen Wettbewerbsvorteil mehr. Führungskräfte, die all ihre Hoffnung darauf setzen, härter zu arbeiten, steuern geradewegs darauf zu, enttäuscht und völlig ausgebrannt zu enden.

Tatsächlich ist die Maximierung der Effektivität wichtiger als die Maximierung des Arbeitsaufwands. Phil Hodgson vom Ashridge Management College schätzt, daß konventionelle Manager nur 40 Prozent ihres Potentials ausschöpfen. Bei seinen Forschungen hat er herausgefunden, daß die Manager 10 Prozent ihrer Zeit wirklich effektiv sind und wichtige Dinge tun. 30 Prozent der Zeit verwenden sie darauf, Glaubwürdigkeit zu erlangen, um in jenen 10 Prozent ihrer Zeit effektiv arbeiten zu können. Die übrige Zeit verbringen sie mit Dingen, die nebensächlich sind oder nicht zum angestrebten Ergebnis führen.[3] Das bedeutet: Indem Sie die wichtigen Dinge häufiger und intensiver tun, wird es Ihnen gelingen, mit Köpfchen zu arbeiten.

Mit Köpfchen zu arbeiten wie Jack Welch hat folgende Elemente:

◆ **Jeder Tag ist anders. Jeder Tag ist eine Herausforderung.** „Wie können uns die Ideen ausgehen?" fragt Jack Welch. „Wenn du nie eine Idee hattest, was du anders machen könntest, kannst du deinen Job gleich aufgeben. Jeden Tag, wenn wir aufwachen, steht ein neuer Korb voller Möglichkeiten vor uns. Wenn du in einem Unternehmen mit einem Umsatz von 70 Milliarden Dollar arbeitest, machst du so viele Dinge falsch, daß die Möglichkeiten für Verbesserungen buchstäblich unbegrenzt sind. Unsere Verbesserungsmöglichkeiten werden größer im Lauf der Zeit, nicht kleiner."[4] Ein so unbeirrbarer Optimismus besteht darauf, daß Probleme gelöst, Dinge verbessert, Schwierigkeiten geregelt werden können. Und tatsächlich funktioniert die Methode.

> **Welch über Ideen:**
> ***„Wenn du nie eine Idee hattest, was du anders machen könntest, kannst du deinen Job gleich aufgeben."***

◆ **Suche nach den tieferliegenden Problemen.** Führungskräfte müssen tiefer und immer tiefer graben. Sie müssen die oberen Schichten abtragen und nach den Problemen suchen, die sie lösen können. Und dann taucht ein weiteres Problem auf, und dann noch eins. Jack Welch ist gelernter Ingenieur. Sein Drang, Fragen zu stellen und herauszufinden, was tatsächlich geschieht, hat nie nachgelassen.

◆ **Liebe deine Arbeit.** Natürlich ist es von Nutzen, wenn man das, was man tut, auch wirklich für wichtig hält. Die Tätigkeit muß bedeutsam sein. Warum sonst führt Jack Welch General Electric nach einer dreifachen Bypass-Operation weiter, warum sonst ist Michael Eisner nach seinem Herzinfarkt immer noch bei Disney? Für solche Führungskräfte gibt es keine großen finanziellen Anreize mehr. Milliardäre machen sich eher wenig Gedanken über ihren nächsten Gehaltsscheck. Dabei sind sie keine Heiligen, die dem Geld keinerlei Bedeutung beimessen. Sie erwarten eine angemessene Gegenleistung für ihre Arbeit, blicken jedoch über die engen Grenzen der finanziellen Belohnung hinaus.

- **Genieße das Leben.** „Ich arbeite so lang, wie es dauert, meine Arbeit zu erledigen", hat Jack Welch einmal gesagt.[5] Er gehört nicht zu den Macho-Managern, die ständig allen erzählen, daß sie 23 Stunden am Tag arbeiten und nur fünf Nanosekunden Schlaf benötigen. (Die Tatsache, daß Jack Welch nicht andauernd darauf hinweist, bedeutet natürlich keineswegs, daß er keine Überstunden macht. Es ist nur kein großes Thema für ihn.) So seltsam das auch klingen mag: Jack Welch hat ein Leben außerhalb von General Electric. Und zwar ein ziemlich normales Leben. Für einen derart mächtigen und wohlhabenden Mann ist es ein sehr ruhiges Leben. Er wohnt gegenüber von einem Golfclub, so daß er es nie weit zum ersten Abschlag hat. Er verbringt seine karge Freizeit nicht in ehrenamtlichen Funktionen oder mit nebensächlichen Aufgaben. Es macht ihm Spaß, sein Handicap zu verringern und sich zu erholen. Der Mann hat Köpfchen.

Lerne und verändere dich[6]

Jack Welch arbeitet nicht nur mit Köpfchen, sondern er hat sich auch mit Köpfchen entwickelt. In seiner Karriere fehlt die Stagnation der mittleren Jahre. Er hat stets neues dazugelernt und seine außerordentlichen Fähigkeiten weiter erhöht. Er hat sich geändert, um sich anschließend weiter zu ändern. Indem er das getan hat, hat er sich von einem weitverbreiteten Muster gelöst.

Wie entwickelt sich eine Karriere normalerweise? Zunächst wird uns ein Unternehmensvideo vorgeführt, oder wir nehmen an einem Einführungsprogramm teil, um kennenzulernen, was von uns erwartet wird: die Werte des Unternehmens und seinen Verhaltenskodex. Dann machen wir uns an die Arbeit und lernen im Lauf der Zeit die wesentlichen Dinge, die wir brauchen, um zu überleben und uns im Unternehmen durchzusetzen. Vielleicht ist es der Verkauf, die EDV oder die Buchhaltung. Was immer es ist, wir erlernen die Grundregeln: Beherrsche das Marketing, und du wirst hier aufsteigen. Oder: Gute Finanzleute bringen es weit in diesem Unternehmen.

Dann, wenn wir sehr gut geworden sind, steigen wir in eine zweite Schicht auf, wo wir damit beginnen können, einiges von dem, was wir gelernt haben, auf die lokalen Umstände anzuwenden. Stoßen wir jedoch auf etwas, das wir wirklich nicht wissen, so wenden wir uns am besten an jemanden, der sich auskennt und uns dabei helfen kann, unsere Kenntnisse zu vertiefen.

In dieser Phase ist sich die in Entwicklung begriffene Führungskraft ihrer Verwundbarkeit deutlich bewußt. Wie wir gesehen haben, muß man Risiken eingehen, um etwas zu lernen. Und Risiken machen uns verwundbar. Die Menschen fürchten sich davor, ihre Verwundbarkeit selbst zu erhöhen, sie fürchten sich vor einem möglichen Gesichtsverlust, vor dem Verlust einer Gelegenheit oder einfach vor einem finanziellen Verlust.

Die Folge ist, daß Führungskräfte das entwickeln, was einmal sehr zutreffend als „Mythos der Beherrschung" bezeichnet wurde. Sie weichen Situationen aus, in denen sie verwundbar wären, und gelangen so allmählich zu der Überzeugung, unbesiegbar zu sein. So werden sie in ihrer eigenen Vorstellung, um es mit Tom Wolfe zu sagen, zu „Herren des Universums".

Umgekehrt stellt dieser Glaube auch eine Formel für den

Aufstieg von Führungskräften dar. Die Menschen, die es ganz nach oben schaffen, erbringen Spitzenleistungen und machen keine Fehler. Sie machen es richtig, müssen dafür jedoch bestimmte Dinge opfern. Häufig sind sie in einem bestimmten Tätigkeitsbereich besser als die Leute, die für sie arbeiten. Sie sind Perfektionisten mit hohem Intelligenzquotienten, die keine Leistungsschwankungen tolerieren. Und sie sind abergläubisch – sie glauben, die Dinge werden immer funktionieren, wenn sie weiterhin tun, was sie seit jeher getan haben.

Eine Begleiterscheinung des Mythos der Beherrschung besteht darin, daß Führungskräfte oft befördert werden, weil sie technisch gut sind, nicht jedoch, weil sie gut im Umgang mit Menschen sind. Technische Fertigkeiten – sei es in Marketing, Finanzwesen oder Technologie – sind meßbar und für jedermann sichtbar. Führungskräfte beherrschen geschäftliche Kabinettstückchen und führen diese wieder und wieder vor. Man betrachte im Gegensatz dazu die Menschenführung, die sich trotz größter Bemühungen der Wissenschaft beharrlich jeder Messung entzieht. Da sie nicht gemessen werden kann, wird sie leicht vernachlässigt oder übersehen. Die Unternehmensleiter erleben in der Menschenführung ihre größten Enttäuschungen und weisen auf diesem Gebiet häufig die größte Unkenntnis auf. (Ganz anders Jack Welch, obwohl er Mitglied einer sozial extrem dysfunktionalen Gruppe ist, nämlich der Ingenieure, die zeitlebens in einem einzigen Unternehmen arbeiten.)

Doch irgendwann kommt man den Führungskräften auf die Schliche. Nachdem man sie befördert hat, stellt sich heraus, daß sie auf ihre neuen Tätigkeiten schlecht vorbereitet sind. Ihre Mängel werden für alle Welt sichtbar. Es fehlt ihnen an Einfühlungsvermögen, oder sie sind unnahbar, aber da diese Merkmale auf den niedrigeren Ebenen nie wirklich überprüft wurden, treten sie erst jetzt zutage, jetzt, da es wahrscheinlich zu spät ist, um noch viel daran zu ändern.

In Anbetracht des üblichen Karriereverlaufs verwundert es kaum, daß Spitzenmanager sehr tüchtig sind, bis sie vor die Aufgabe gestellt werden, mit Menschen umzugehen. Die Karriere eines Managers verläuft im Normalfall in drei Sprüngen. Ihre erste Erfahrung mit der Personalverantwortung lehrt sie, daß es neben den technischen Aspekten der Tätigkeit auch noch einen Störfaktor gibt: die Menschen.

Wenn sie die mittlere Ebene in der Hierarchie erreichen, werden die meisten Manager mit dem ersten Paradox der Führung konfrontiert. Plötzlich genügt die technische Beherrschung eines Tätigkeitsbereichs nicht mehr, weil die Untergebenen mehr wissen als der Manager. Nun muß der Manager lernen, Menschen zu führen und zu motivieren, die ihn vielfach nicht als Vorgesetzten wollen. Und er muß lernen, Probleme kreativ zu lösen sowie die strategischen von den taktischen Aufgaben und das Dringende vom weniger Dringenden zu trennen.

Die schwierigste Aufgabe besteht jedoch darin, sich in einen Generalisten zu verwandeln. Der Harvard-Professor John Kotter behauptet in seinem Buch *The General Managers,* daß man zwanzig Jahre braucht, um ein Unternehmensleiter zu werden.[7] (Jack Welch war also genau im Zeitplan.) Auf dieser Ebene muß man strategisch denken können und imstande sein, mehrdeutige Situationen zu bewältigen. Jetzt gibt es keine richtigen oder falschen Antworten mehr, sondern nur noch gute, bessere und beste Antworten. Auf dieser Ebene muß man auch höherwertige Fähigkeiten im Umgang mit Menschen beherrschen und beispielsweise sagen können: Ich kann diese Aufgabe selbst nicht gut erledigen, sondern brauche das Team, um sie zu bewältigen.[8] Das heißt, daß sich die Fähigkeiten, die einer Führungskraft den Aufstieg auf der Karriereleiter ermöglichen, nicht mit den Führungsfähigkeiten und Perspektiven decken, die an der Unternehmensspitze erforderlich sind. Hier bedarf es ausgeprägter Kenntnisse im Umgang mit Menschen, strategischer

Fähigkeiten und der Fähigkeit zur Bewältigung von Ungewißheiten.

Um die Aufgaben an der Unternehmensspitze zu bewältigen, muß man genug Demut besitzen, zu verstehen, daß man nicht alles weiß. Und man muß sich darüber im Klaren sein, daß es unauflösbare Ungewißheiten gibt – wozu Manager oft nicht in der Lage sind. Jack Welch ist sich nicht zu gut dafür einzugestehen, daß er manche Dinge nicht weiß und daß er noch dazulernen kann. Und er ist sich vollkommen bewußt, daß einfache Antworten in der Ungewißheit des Unternehmenslebens trügerisch sein können. Häufig geht es nicht um ein „entweder oder“, sondern um ein „sowohl als auch“.

„Um effektiv führen zu können, muß man paradoxe Situationen akzeptieren und bewältigen. So müssen wir beispielsweise gleichzeitig kollektiv als ein einziges Unternehmen und individuell als viele Unternehmen funktionieren,“[9] sagt Welch. Bei anderer Gelegenheit hat Welch das Management als Balanceakt zwischen Gegenwart und Zukunft bezeichnet. „Man kann nicht langfristig wachsen, ohne kurzfristig zu essen. Jeder kann kurzfristig managen. Jeder kann langfristig managen. Die Kunst des Management besteht darin, ein Gleichgewicht zwischen diesen beiden Dingen herzustellen.“[10] Im Management geht es also nicht um Antworten und Lösungen, sondern um einen riskanten Balanceakt. Man muß akzeptieren, daß man hin und wieder vom Seil fallen wird. Der Mythos der vollkommenen Beherrschung ist eben nur ein Mythos.

Welch über langfristiges Management:
„Man kann nicht langfristig wachsen, ohne kurzfristig zu essen. Jeder kann kurzfristig managen. Jeder kann langfristig managen. Die Kunst des Managements besteht darin, ein Gleichgewicht zwischen diesen beiden Dingen herzustellen.“

Energie motiviert

Jack Welchs Energie trägt wesentlich dazu bei, andere zu motivieren und ihre eigene Energie freizusetzen. Extrem leistungsfähige Menschen wie er schöpfen Energie aus dem Gewöhnlichen, Alltäglichen. Sie entwickeln Ideen, um Begeisterung zu wecken. Sie wählen andere Zugänge und probieren neue Dinge aus. Sie erzeugen Energie aus sich selbst und wecken die Energie in denen, mit denen sie zusammenarbeiten. Und sie ziehen energiegeladene Menschen an.

Die offenkundigste Manifestation ihrer Energie ist ihre Begeisterung, der sie immer neue Kraft geben und die ansteckend wirkt. Besuchen Sie einmal ein Seminar von Tom Peters: Selbst wenn Ihnen kein einziger Gedanke im Gedächtnis bleibt, werden Sie sich daran erinnern, daß Peters begeistert ist, und seinen Enthusiasmus so vermitteln kann, daß die Menschen beginnen, an ihr eigenes Potential zu glauben. Führungskräfte übertragen Energie.

Dazu Jack Welch: „Die Welt der Neunziger und darüber hinaus wird nicht den ‚Managern‘ oder jenen gehören, die mit den Zahlen jonglieren können. Sie wird den Führungskräften gehören, die von Leidenschaft getrieben sind – Menschen, die nicht nur über ungeheure Energie verfügen, sondern auch ihren Untergebenen Energie einflößen können.“[11] Energie motiviert. Teilnahmslose Führungskräfte führen teilnahmslose Unternehmen.

Welch über Energie:
„Die Welt wird den Führungskräften gehören, die von Leidenschaft getriebenen sind – Menschen, die nicht nur selbst über ungeheure Energie verfügen, sondern auch ihren Untergebenen Energie einflößen können."

Verändere dich ... und wenn du damit fertig bist, verändere dich erneut

Die Stone Container Corporation, ein in Chicago ansässiges Familienunternehmen, macht nicht den Eindruck, als müßte sie sich für die Zukunft neu erfinden. Die Gewinne des Unternehmens stiegen in den achtziger Jahren um das Fünfzehnfache, die Umsätze wuchsen explosionsartig auf 5,5 Mrd. Dollar. Doch im Jahr 1993 erklärte der Präsident und Geschäftsführer des Unternehmens, Roger Stone, in einer Rede auf der Jahresversammlung der International Strategic Management Society, daß sich sein Unternehmen laufend erneuere.

Stone zufolge gibt es folgende Schlüsselfaktoren für ein Unternehmen, um zu lernen und sich zu wandeln: Es muß sich noch mehr auf den Kunden und auf die Qualität konzentrieren, es muß überall im Unternehmen Innovation anregen, es muß die Leistungen des Unternehmens und des einzelnen Mitarbeiters in jedem möglichen Bereich messen, es muß das Management nicht kurzfristig, sondern „von der Zukunft ausgehend rückwärts" betreiben, es muß die Strukturen und Abläufe vereinfachen, und vor allem muß es innerhalb der Organisation einen Prozeß der „kreativen Unzufriedenheit" auslösen. Stones Fazit: „Wenn du zufrieden sein willst, solltest du ein Hund sein."[12]

Stone hat den Nagel auf den Kopf getroffen. Selbstzufriedenheit ist die Wurzel allen Unternehmensübels. Halte inne, und du wirst sterben. Im Amerikanischen gibt es die Redewendung: „Es gibt die Schnellen und die Toten."

Bei General Electric setzt Jack Welch mit seiner persönlichen Energie den Maßstab. Er weigert sich, vor dem Mythos der Selbstzufriedenheit zu kapitulieren. Und GE schließt sich ihm an. Vor unseren Augen wendet und wandelt sich dieses Unternehmen unablässig. Es geht mit der Zeit, um seiner Zeit stets voraus zu sein.

Entscheidend ist, daß sich General Electric weigert, sich auf seinen wohlverdienten Lorbeeren auszuruhen, während die meisten Unternehmen dieser Versuchung von Zeit zu Zeit nachgeben. An den Anfang seines Buchs *Managing on the Edge*[13] stellt Richard Pascale die Warnung: „Nichts führt so schnell in den Untergang wie der Erfolg." An anderer Stelle meint Pascale: „Große Stärken sind durchweg Wurzeln der Schwäche." Diese Behauptung untermauert er mit dem Faktum, daß von den Großunternehmen, die im Jahr 1985 zu den stolzen Mitgliedern der Fortune 500 zählten, fünf Jahre später 143 aus dem Rennen waren.

Pascale nennt vier Faktoren, die für Stagnation beziehungsweise Erneuerung von Organisationen verantwortlich sind:

1. *Abstimmung* bezieht sich auf die innere Konsistenz (Einheit) einer Organisation.
2. *Aufspaltung* bezeichnet eine Vielzahl von Techniken, die geeignet sind, eine größere Organisation in kleinere Einheiten zu zerlegen und ihren Mitgliedern eine ausgeprägtere Identität und ein Gefühl der Eigentümerschaft am Unternehmen zu vermitteln (Pluralität).
3. *Widerstreit* bezeichnet einen Managementprozeß, der die Gegensätze, die einen unvermeidlichen Bestandteil des Organisationslebens darstellen, nutzt, anstatt sie zu unterdrücken (Dualität).
4. *Transzendenz* weist auf die zunehmende Komplexität hin, die mit dem erfolgreichen Management des Erneuerungsprozesses einhergeht (Vitalität).

Um seine Trägheit zu überwinden und in einem turbulenten Umfeld zu überleben, muß ein Unternehmen ein Bekenntnis zur nachhaltigen „Transformation" ablegen. Veränderung, erklärt Pascale, ist ein fester Bestandteil des

Unternehmenslebens. Das Problem ist, daß wir nicht gut für den Umgang mit der Veränderung gerüstet sind und daß unser traditioneller Zugang zum Veränderungsmanagement nicht länger funktioniert. „Das Konzept der schrittweisen Veränderung funktioniert nur, wenn man das will, was man bereits hat, nur mehr davon. In der Vergangenheit genügte dies, da wir dank umfangreicher Ressourcen und geographischer Isolation und in Ermangelung eines ernstzunehmenden globalen Wettbewerbs in einem Umfeld lebten, in dem wir uns selbst Konkurrenz machten und alle nach denselben Regeln spielten."

Wirkliche Transformation erfordert die Einbindung und das Engagement der gesamten Organisation. Das Problem bei den Veränderungsprogrammen liegt üblicherweise nicht in den Programmen selbst. Das entscheidende Hindernis für ihren Erfolg besteht vielmehr darin, daß sich nur so wenige Personen daran beteiligen. Das „Work-Out"-Programm von General Electric war deshalb so wirkungsvoll, weil es derart viele Mitarbeiter einband. Es wurde nicht von oben vorangetrieben, sondern gab der unteren Ebene die Möglichkeit, selbst die Führung zu übernehmen.

Die erste „Intervention", die ein Unternehmen vornehmen muß, um erfolgreich zu sein, ist nach Pascales Ansicht, sämtliche Mitarbeiter in die Bewältigung der grundlegenden Herausforderungen für das Unternehmen einzubinden. Als zweiten Eingriff schlägt er vor, die Organisation so zu führen, daß Einbindung und „konstruktiver Streß" gefördert und aufrechterhalten werden. Schließlich tritt Pascale dafür ein, Lernmethoden einzuführen, welche die Menschen zu einem andersartigen Verhalten bewegen und ihnen helfen, an diesem neuen Verhalten festzuhalten. Als Beispiel für diese Vorgehensweise führt Pascale die Arbeit der US-Armee an, in der eine starke Kultur die Möglichkeit schafft, mittels eines strengen und sorgfältig durchdachten Trainingsprogramms Denken und Verhalten der Menschen zu ändern. (Wenn

Ihnen das bekannt vorkommt, so denken Sie bitte an Crotonville und seine langfristige Wirkung auf das Denken und Verhalten der GE-Mitarbeiter.)

Pascale hat sich insbesondere mit der Arbeit des Nationalen Ausbildungszentrums der Armee in Kalifornien beschäftigt. „Der Erfolg der Armee beruht darauf, daß sämtliche Soldaten eine einheitliche und exakte Vorstellung davon haben, wovon die ‚betrieblichen Ergebnisse' abhängen, daß die Unzufriedenheit mit dem Status quo ständig geschürt wird ... und daß eine kompromißlose Offenheit gepflegt wird, die Feedback und Grundlagenforschung über die hierarchischen Grenzen hinweg ermöglicht."[14]

In dem Ausbildungszentrum werden Einheiten von 3000 bis 4000 Mann durch ein furchteinflößendes 14tägiges Programm geschleust, in dem sie von 600 Ausbildern 18 Stunden am Tag mit Gefechtssimulationen samt „analytischer Aufarbeitung" (After Action Reviews) beschäftigt werden. In diesem Programm greifen „Anstrengung an der Belastungsgrenze und distanzierte Erkenntnis" ineinander. Pascale erklärt, daß die Effektivität dieser Ausbildung auf folgenden Faktoren beruht: Sie konzentriert sich auf die entscheidenden Erfolgsfaktoren; die Teams gehen ganz in den gestellten Aufgaben auf; es werden unbestechliche Daten gesammelt, um Subjektivität und nutzlose Debatten auszuschalten; es werden ausgezeichnet ausgebildete Betreuer eingesetzt; und das Programm beruht auf dem Grundsatz, daß die Leute nicht durch Kritik zermürbt werden dürfen. Interessanterweise werden in dem Zentrum keine Leistungsbewertungen vorgenommen. Das Augenmerk liegt vielmehr darauf, daß jeder einzelne Teilnehmer so viel wie möglich lernen soll. Aus dieser Vorgehensweise kann die Industrie wichtige Lehren ziehen, meint Pascale: Nur in einem Unternehmen, das eine dem Lernen zuträgliche Umgebung schafft, in dem ständig alles in Frage gestellt wird und in dem vollkommene Offenheit herrscht, kann eine Kultur entstehen, welche die Transformation begünstigt. (Das große Hindernis für eine Umsetzung der von der Armee angewandten Methoden in der Unternehmenswelt sind die Kosten: „Das einzige, was man braucht, sind ein 2.500 Quadratkilometer großes Trainingsgelände und eine Million Dollar pro Tag.")

In seinen jüngsten Arbeiten hat Pascale den Begriff der „Agilität" geprägt, um die Kombination von Fähigkeiten und Denkmustern zu beschreiben, auf die das Unternehmen der Zukunft angewiesen sein wird. Pascale und seine Forscherkollegen glauben, daß es „vier Indikatoren gibt, die wesentliche Aufschlüsse darüber geben, wie gut es einer Organisation gelingen wird, sich zu behaupten und anzupassen". Dies sind: Macht (Haben die Mitarbeiter den Eindruck, Einfluß auf die Entwicklung nehmen zu können?), Identität (Inwieweit identifizieren sich die Mitarbeiter mit der Gesamtorganisation, nicht nur mit ihrer engsten Umgebung?), Auseinandersetzung (Werden Konflikte offen artikuliert und als Lerninstrument genutzt?) und Lernen (Wie geht die Organisation mit neuen Ideen um?).[15]

Das Problem ist, daß diese vier Elemente unter normalen Umständen zum Verkrusten neigen, was zur Folge hat, daß die Organisation letzten Endes stagniert. Dies könne nur vermieden werden, so Pascale, indem eine Organisation sieben Grundsätze der Agilität befolge, die von der leicht nachvollziehbaren „angewandten Verantwortlichkeit" bis zum schwer bestimmbaren und schmerzhafteren „Kurs des schonungslosen Unbehagens" reichen.

Der Kurs des schonungslosen Unbehagens ist der, den Jack Welch eingeschlagen hat. Es hat keinen Sinn, sich in der eigenen „Sicherheitszone" festzusetzen. Man muß sich hinauswagen und die Dinge durcheinanderwirbeln, Neues herausfinden, aufdecken und entdecken. Sie müssen nicht unbedingt in die Armee eintreten, um das zu tun, aber vom Schreibtisch aus werden Sie es nicht schaffen.

Immer in Bewegung bleiben

- ***Sich in Form halten.*** *Träge Menschen haben größte Mühe, mit den Entwicklungen Schritt zu halten. Die Steuermänner von Unternehmen sind heutzutage in ähnlich guter Verfassung wie ihre Gewinne.*
- ***Leute mit Energie suchen.*** *General Electrics einzige Sorge gilt der Suche nach Mitarbeitern, die mit Jack Welch Schritt halten können.*
- ***Die eigenen Aufgaben kennen.*** *Fragt man Unternehmensleiter nach ihrer Aufgabe, so erhält man üblicherweise eine Antwort, die um Strategie und Visionen kreist. Oft sieht man, daß Führungskräfte eigentlich keine Vorstellung davon haben, worin ihre Aufgabe besteht. Sie ist zu allgemein gehalten. Da ist zu viel zu tun, um es wirklich mit wenigen Worten zusammenzufassen. Die Wirklichkeit ist oft, daß die Unternehmensleiter derart viel Zeit mit dem Löschen der Brände verbringen, daß sie kaum wissen, was sie eigentlich tun sollten. Die Bewältigung der alltäglichen Katastrophen ist keine besonders ruhmreiche Aufgabe.*
  Fragen wir einmal Jack Welch, was seine Aufgabe ist. Er gibt bereitwillig Auskunft: „Meine Aufgabe ist es, phantastische Ideen zu finden, sie übertrieben darzustellen und in Windeseile im ganzen Unternehmen zu verbreiten", erklärte er gegenüber Industry Week. *In einem Gespräch mit dem Autor Ken Auletta formulierte er es so: „Ich bin fest davon überzeugt, daß meine Aufgabe darin besteht, mit einer Gießkanne in der einen und einer Flasche Dünger in der anderen Hand im Unternehmen herumzugehen und dafür zu sorgen, daß*

überall Ideen aus dem Boden sprießen." Kurz und blumig, aber man versteht, was er sagen will. Man erkennt, daß er genau weiß, was er tut und warum er es tut. Solche Klarheit motiviert. (Manche werden meinen, das Ausbringen von Dünger sei eine übertrieben vereinfachende Beschreibung für den Chef von General Electric. Jack Welch kann es auch weniger poetisch ausdrücken: „Was zählt, sind die Ergebnisse, die du vorzuweisen hast."[16])

- ***Durch Energie motivieren.*** *Andrew Campbell, Michael Goold und Marcus Alexander weisen in* Corporate-Level Strategy *darauf hin, daß Welchs „persönliche Energie das Unternehmen vorwärtsgetrieben hat und daß er ein bemerkenswertes Verständnis der verschiedenen Geschäftsbereiche besitzt."[17] Energie treibt die Menschen voran. Sie können, wenn sie motiviert sind.*
- ***Stetige Veränderung.*** *Nichts muß so bleiben, wie es ist. Mit dem Downsizing der achtziger Jahre, mit Work-Out und Six Sigma hat Jack Welch dafür gesorgt, daß bei GE nichts bleibt, wie es war. Das Unternehmen bewegt sich ständig weiter.*

Anmerkungen

1 Peters, Tom, *Liberation Management* (New York: Knopf, 1992).

2 Landro, Laura, „GE's wizards turning from the bottom line to share of the market." In: *Wall Street Journal,* 12. Juli 1982.

3 Hodgson, Phil und Crainer, Stuart, *What Do High Performance Managers Really Do?* (London: FT/Pitman, 1993).

4 Jackson, Tony und Gowers, Andrew, „Big enough to make mistakes." In: *Financial Times,* 21. Dezember 1995.

5 Gelman, Eric und Wang, Penelope, „Jack Welch: GE's live wire." In: *Newsweek,* 23. Dezember 1985.

6 Dieser Abschnitt beruht im wesentlichen auf den Arbeiten meiner Kollegen Randall P. White und Philip Hodgson.

7 Kotter, John, *The General Managers* (New York: Free Press, 1982).

8 White, Randall P., „Choosing leaders, not experts." In: *Changing European Human Resource Practices,* The Conference Board, Report No. 1003, 1992.

9 General Electric Jahresbericht 1985.

10 Byrne, John, „How Jack Welch runs GE." In: *Business Week,* 8. Juni 1998.

11 Lowe, Janet, *Jack Welch Speaks* (New York: John Wiley & Sons, 1998).

12 Lorenz, Christopher, „Quantum leaps in a dangerous game." In: *Financial Times,* 22. September 1993.

13 Pascale, Richard, *Managing on the Edge: How the Smartest Companies Use Conflict to Stay Ahead* (Touchstone Books, 1991).

14 Pascale, Richard, „Manoeuvres for the millennium." In: *Human Resources,* November-Dezember 1996.

15 Pascale, Richard, Millemann, Mark und Gioja, Linda, „Changing the way we change." In: *Harvard Business Review,* November-Dezember 1997.

16 Byrne, John, „How Jack Welch runs GE."

17 Campbell, Andrew, Goold, Michael und Alexander, Marcus, *Corporate-Level Strategy* (New York: John Wiley & Sons, 1994).

4 Service ist alles

Unsere Aufgabe ist es, mehr als nur den Kasten zu verkaufen.

Jack Welch[1]

Schaffe Vertrauen

Während fast des ganzen 20. Jahrhunderts haben sich die Unternehmen in den westlichen Industriestaaten darauf konzentriert, einfache Kästen ohne jede Verzierung zu verkaufen. Sie bemühten sich, so viele Kästen wie möglich so effizient wie möglich zu produzieren. Qualität und Kundendienst entdeckten sie erst in den achtziger Jahren. Und auch diese Entwicklung entsprang eigentlich keiner Erkenntnis der Unternehmen. Vielmehr kam die Inspiration erst in Form einer Fernsehsendung über die Arbeit des Qualitätsgurus W. Edwards Deming. Danach war der Siegeszug der Qualität nicht mehr aufzuhalten. Deming wurde gefeiert. Plötzlich verlangten die Manager in den westlichen Industrieländern nach jeder kleinsten Information über das Qualitätsmanagement und die Qualitätssicherungssysteme. Bis 1984 waren in den amerikanischen Unternehmen über 3000 Qualitätszirkel entstanden, und in aller Welt setzten sich die Qualitätssysteme durch. Es folgte eine Welle von Büchern, Berichten, Konferenzen, Seminaren und Initiativen. Die Qualitätszirkel mündeten in das Total Quality Management (TQM), die Just-in-time-Produktion zog die „schlanke Produktion“ nach sich, und diese wiederum führte zum Reengineering.

Nachdem wir mit all den Informationen überhäuft worden sind, sollte man meinen, Qualität und Kundendienst würden mittlerweile überall verstanden und perfekt in die Praxis umgesetzt. Doch sehen Sie sich um oder denken Sie über Ihre jüngsten Erfahrungen mit Dienstleistungen nach. Es liegt auf der Hand, daß wir weit von der Perfektion entfernt sind.

Peter Kolesar, Garrett Van Ryzin und Wayne Cutler (zwei Forscher der Columbia University und ein Berater) sehen das Problem darin, daß bei der „Industrialisierung der Dienstleistungen" übersehen wird, welches Maß an persönlicher Interaktion – an „Intimität" – erforderlich ist, um ausgezeichnete Dienstleistungen zu erbringen.[2] Sie gehen davon aus, daß eine Dienstleistung darin besteht, „dem Kunden die Arbeit abzunehmen". Das bedeutet, daß die Dienstleistung „ein hohes Maß an Kontakt, Kommunikation und Koordination mit den Kunden erfordert". Zu einer guten Dienstleistung gehört daher mehr als bloße Effizienz. Industrielle Dienstleistungseffizienz (für die McDonald's beispielgebend ist) verkommt allzu leicht zu unpersönlicher Inflexibilität.

Um dieser Falle zu entgehen, schlagen Kolesar, Van Ryzin und Cutler vor, die Unternehmen sollten „industrialisierte Intimität" anstreben. Diese beruht auf sieben Grundprinzipien. Das erste ist der auf der Hand liegende Grundsatz „Kenne deinen Kunden" – leicht zu verstehen, jedoch häufig nicht gut umgesetzt. Zweitens sollten sich die Unternehmen um „Ein-Punkt-Dienstleistungen" bemühen: Damit ist gemeint, daß die Unternehmen die Interaktion mit ihren Kunden so kondensieren sollten, daß sie auf möglichst wenige Personen und Prozesse beschränkt bleibt. Zahlreiche „Staffelübergaben" von einer Person zur anderen sind eher störend als dienlich. Das dritte Prinzip lautet „Fördere werterhöhende Selbstbedienung" – setze Technologie (wie das Internet) ein, um dem Kunden die Möglichkeit zu geben, Dinge selbst zu tun, wenn er das möchte. Viertens: „Gib dem Kunden die Möglichkeit, beim Einkauf mehrere Fliegen mit einer Klappe zu schlagen." Das heißt: Wenn ein Unternehmen seine Kunden wirklich versteht, kann es zusätzliche verbundene Dienste anbieten. Fünftens: „Baue Kompetenz in die Bereitstellung der Dienstleistung ein.“ Die Servicekompetenz muß institutionalisiert werden, was bedeutet, daß die Systeme rund um ausgezeichnete Dienstleistungen konstruiert werden müssen, anstatt auf die Kompetenz einzelner Mitarbeiter angewiesen zu sein. Sechstens: „Laß die Kunden das Produkt gestalten.“ Die Kunden verlangen zunehmend die Flexibilität, ein Bündel von Produkten oder Dienstleistungen ihren spezifischen Bedürfnissen anzupassen. Und schließlich: „Entwickle langfristige Beziehungen zu den Kunden.“

Es liegt auf der Hand, daß dies alles leichter gesagt als getan ist. Kolesar, Van Ryzin und Cutler gelangen zu folgendem Schluß: „Die meisten Kunden wollen keine geheuchelte Freundschaft ihrer Lieferanten. Sie wollen einfach eine kompetente, angenehme, unkomplizierte Bereitstellung der Dienstleistungen, denen sie Wert beimessen – und das alles zu einem vernünftigen Preis.“ Eigentlich ganz einfach. Genau diesen Schritt von der industrialisierten Dienstleistung zur Kundennähe versuchte Jack Welch bei General Electric zu vollziehen. Als er die Führung von GE übernahm, hatte der Konzern eine für ein traditionelles Produktionsunternehmen typische Einstellung zum Kundendienst: „Früher verbrachten die Führungskräfte von GE mehr Zeit mit der unternehmensinternen Politik als mit dem eigentlichen Geschäft“, kommentiert Welch bissig. „Es hieß, GE habe den Blick auf seine Unternehmensführung gerichtet und wende den Kunden den Hintern zu.“[3]

Was die Kunden wirklich wollen:
„Die meisten Kunden wollen keine geheuchelte Freundschaft ihrer Lieferanten. Sie wollen einfach eine kompetente, angenehme, unkomplizierte Bereitstellung der Dienstleistungen, denen sie Wert beimessen – und das alles zu einem vernünftigen Preis.“

Welch hat das geändert. Dazu hat er mehrere Dinge getan:

1. Die Entwicklung der Dienstleistungskomponente bei General Electric

General Electric hat sich von einem Hersteller zu einem Produktions- und Dienstleistungsunternehmen gewandelt. Im Jahr 1998 erzielte GE mehr als zwei Drittel seiner Einnahmen mit Finanz-, Informations- und Produktdienstleistungen. Im Mittelpunkt dieser Wandlung steht die Entwicklung des Bereichs Finanzdienstleistungen.

Als neue Dienstleistung hat GE Capital die meisten Stärken von GE in anderen Bereichen genutzt. Das Unternehmen machte sich die erstklassige Bonitätseinstufung des Unternehmens zunutze, um eine finanzielle Stärke zu erlangen, von der seine Konkurrenten nur träumen können. Seine Basis bleiben die Kunden von GE – Einzelhändler und Endverbraucher. GE Capital begann mit Finanzierungen für Käufer von GE-Ausrüstungen und entwickelte sich zum größten Anbieter von Unternehmenskreditkarten für Einzelhändler und andere Kunden. „Wir versuchen, eine Kultur zu entwickeln, in der die ganze Welt zum Markt wird – in der es keine Unterscheidung nach Ländern mehr gibt. Den Unterschied macht nicht das Land, sondern die Art des Kunden", erklärt Gary Wendt, der Chairman von GE Capital. „Das Geschäft mit den Unternehmenskreditkarten ist eigentlich ein Marketingarm für die Einzelhändler – wir verbringen mit der Analyse der Kaufgewohnheiten der Kunden ebensoviel Zeit wie mit der Prüfung ihrer Kreditwürdigkeit."

In nicht allzu ferner Zukunft wird GE Capital, das verschiedenste Käufe von Waschmaschinen bis zu Düsentriebwerken finanziert, mehr Geld verdienen als alle anderen Unternehmensbereiche von General Electric zusammen. „GE Capital könnte auf über 50% des Gesamtunternehmens anwachsen", hat Welch einmal erklärt.[4]

Im Jahr 1996 erzielte GE Capital bei Einnahmen von 33 Mrd. Dollar Gewinne nach Steuern in Höhe von 2,8 Mrd. Dollar. Im amerikanischen Finanzsektor verdienten nur die Citicorp, die American International Group und Bank America mehr.

2. Ausbau mehrerer Vertriebskanäle

General Electric hat hart gearbeitet, um eine Vielzahl von Vertriebskanälen zu erschließen. Vor allem hat es bessere Methoden entwickelt, um die Bedürfnisse der kleinen Einzelhändler zu erfüllen, so daß diese sich im verschärften Wettbewerb mit großen Einzelhandelsketten wie Circuit City besser behaupten können.

Um die Leistungsfähigkeit der kleineren Einzelhändler zu erhöhen, entwickelte GE ein Vertriebssystem, das sich aus fünf verschiedenen Warenlagern und 76 Standorten zusammensetzt, von denen aus die Produkte an die Einzelhändler oder Endbenutzer geliefert werden können. Das Logistiknetz ermöglicht eine Lieferung in ein bis zwei Tagen. Auf diese Art können die Einzelhändler ihre Lagerbestände verringern und brauchen nur noch Exemplare für den Schauraum. Das hat ihre Situation sprunghaft verbessert, da die Lagerhaltung normalerweise den Großteil ihrer Aktiva bindet. Darüber hinaus erhalten die Einzelhändler die Möglichkeit, Unternehmenskredite aufzunehmen, sich eines Baukastensystems zur Ladenumgestaltung zu bedienen und ihre Verkaufsstandorte mit spezifischer Software effizienter zu führen.

General Electric hat sich erfolgreich als Partner des Einzelhandels positioniert, anstatt sich auf die Funktion eines Lieferanten zu beschränken. So sorgte das Unternehmen dafür, daß der Vertriebskanal über den mittelständischen Einzelhandel lebensfähig wurde. Mit Hilfe eines schnelleren Service machte GE diesen Kanal wirtschaftlich attraktiver und teilte sich die erhöhten Gewinne mit den Einzelhändlern.

3. Entwicklung der Kundenkenntnis

General Electric hat die sich wandelnden Kundenerwartungen gründlich analysiert. Der Helpdesk des Kundendienstes, das GE Answer Center, hilft bei der Sammlung wertvoller Marktdaten über entstehende Produkt- und Dienstleistungspräferenzen.

4. Die Six Sigma-Initiative

Im Jahr 1995 rechnete General Electric mit etwa 35.000 Fehlern bei einer Million Operationen. Verglichen mit anderen Unternehmen war dies ein guter Wert von rund 3,5 Sigma. Jack Welch schwor das Unternehmen darauf ein, sechs Sigma zu erreichen.

Six Sigma war die dritte Phase von Welchs Unternehmensrevolution. Die Initiative entsprang direkt dem Qualitätslehrbuch. Bei W. Edwards Deming hieß es: „Qualität ist nichts, was man wie einen neuen Teppich verlegen oder wie ein neues Bücherregal aufstellen kann. Man muß sie dem Unternehmen einpflanzen. Qualität ist etwas, an dem man arbeitet. Es ist ein Lernprozeß."[5] Nach Auffassung Demings war Qualität nicht das Monopol weniger, sondern die Verantwortung aller. Immer wieder wies er darauf hin, daß das Problem zu 90 Prozent auf das Management zurückzuführen sei.

Bei General Electric betrachtete man Six Sigma als die logische Fortsetzung von Work-Out. Für die Beteiligung der Mitarbeiter war mittlerweile gesorgt. Nun war es an der Zeit, die Standards zu heben. Im Jahresbericht des Unternehmens für 1997 hieß es: „Nach einem Jahrzehnt Work-Out sind der Großteil der alten Bürokratie zerschlagen und die internen Grenzen beseitigt. (Dennoch sind wir uns der Tatsache bewußt, daß die Bürokratie das Schreckgespenst des institutionellen Verhaltens ist, das immer wieder auferstehen wird, so daß jeder in der Organisation reflexartig diese Wiedererscheinungen abwehren muß.)

Es ist typisch für General Electric, daß es mit Six Sigma ein Konzept aufgriff, das bereits anderswo erfolgreich angewandt worden war. GE verpflanzte es einfach in seine eigene Organisation und beschrieb den Diebstahl mit der ihm eigenen Offenheit: „Wir haben Six Sigma nicht erfunden – wir haben es gelernt. Die Idee stammt von Motorola, und Allied-Signal hat sie erfolgreich angewandt. Die Erfahrung dieser beiden Unternehmen, die sie mit uns geteilt haben, ermöglichte es uns, unsere Initiative sehr viel einfacher und schneller einzuleiten."[6] Wären andere doch nur genauso pragmatisch.

Die Bedeutung von Six Sigma lag darin, daß es keine der üblichen oberflächlichen Qualitätskampagnen war. Die Unternehmensleitung setzte sich tatsächlich an die Spitze der Initiative. „Hier handelt es sich nicht um eine Verkündung von Slogans oder um Bürokratie oder um das Ausfüllen von Formularen. Hier zeigt man uns endlich einen Weg zur Kontrollfunktion, was das Schwierigste überhaupt in einem Unternehmen ist", erklärte Welch.[7] Dennoch schwappten mit Six Sigma auch die üblichen Akronyme über die Organisation herein: CTQs (critical to quality characteristics, wesentliche Qualitätsmerkmale), DPMOs (defects per million opportunities, Fehler pro Million Möglichkeiten) und SPC (statistical process control, Statistische Prozeßlenkung).

Der Board von General Electric hat Six Sigma als „das Kernstück unserer Träume und Bestrebungen für dieses großartige Unternehmen" bezeichnet, als „strikte Methodik, die von ausgezeichnet ausgebildeten GE-Mitarbeitern gelehrt wird, die als ‚Meister des Schwarzen Gürtels' und ‚Träger des Schwarzen Gürtels' bezeichnet werden". Bisher hat das Unternehmen 4.000 Meister des Schwarzen Gürtels und Träger des Schwarzen Gürtels ausgebildet, die sich ausschließlich mit Six Sigma beschäftigen. Dazu kommen 60.000 „Träger des Grünen Gürtels", die sich als Teilzeitkräfte mit der Projektleitung beschäftigen.

Six Sigma kreist um fünf grundlegende Aktivitäten:

- Definition
- Messung
- Analyse
- Verbesserung und
- Lenkung von Prozessen.

Six Sigma zeitigte sofort Erfolge. Die Gewinnspanne überstieg im Lauf des Jahres 1997 die Marke von 15 Prozent (zuvor hatte sie bei rund 10 Prozent gelegen). Laut Berechnungen von General Electric führte Six Sigma im Jahr 1997 zu einem Anstieg des Betriebsgewinns um 300 Millionen Dollar. Im Lauf dieses Jahres schraubte GE die Kalkulation der durch das Six Sigma-Programm erzielten Einsparungen von 400 auf 650 Mio. Dollar hinauf. Ein Analyst rechnet damit, daß die Einsparungen bis zum Jahr 2000 über 6 Mrd. Dollar betragen werden.[8] Nicht schlecht für eine Idee aus zweiter Hand.

Service ist alles

- ***Das Potential der Dienstleistungen nutzen.*** *Es war einmal vor langer Zeit, da verkaufte General Electric Kästen. Der Kunde ging zu seinem freundlichen Händler und kaufte eine Waschmaschine. Das war's. Heute ist die Waschmaschine nur noch ein Köder, um den Kunden in das Dienstleistungsreich von GE zu locken. Der Kunde kauft eine Waschmaschine in einem Laden, der auf Kosten von GE eingerichtet ist, und bezahlt sie mit einem Kredit, den ihm ein Kreditunternehmen von GE gewährt. Die Daten des Kunden werden eingegeben. Er verläßt das Geschäft mit dem Gerät, während die Software von GE zu arbeiten beginnt. Der Kasten verliert zunehmend an Bedeutung.*

- ***Qualitätsinitiativen von der Spitze aus führen.*** *Six Sigma funktioniert nicht zuletzt deshalb, weil Jack Welch und die Unternehmensspitze das Projekt mit aller Kraft verteidigen. Sie setzen sich bei jeder Gelegenheit dafür ein. Sie glauben daran. Und vor allem sind sie Teil des Projekts.*
- ***Ideenklau lohnt sich.*** *In der Wirtschaftswelt wird Originalität überbewertet. Die Geschichte ist voller geschäftlicher Fehlschläge von Menschen, die eine Idee als erste hatten, jedoch nicht wußten, was sie damit anfangen oder wie sie ein Unternehmen führen sollten. GE entlehnte Six Sigma – ganz unverblümt – bei Motorola und AlliedSignal. Doch es übernahm das Konzept nicht ungeprüft, sondern paßte es seinen eigenen Erwartungen und Bestrebungen an.*
- ***Do it yourself.*** *Nicht alle Berater sind schlecht – trotz allem, was Sie vielleicht über sie lesen. Es ist allerdings bemerkenswert, daß General Electric die Dinge selbst in die Hand nimmt. Es holt sich keine Beratungsfirma mit einem fertigen Qualitätspaket ins Unternehmen und wartet dann darauf, daß sich die Qualität von allein einstellt. Es kauft keinen wunderschönen neuen Teppich und legt ihn auf den schmutzigen Boden.*

Anmerkungen

1 Smart, Tim, „Jack Welch's encore." In: *Business Week,* 28. Oktober 1996.

2 Kolesar, Peter, Van Ryzin, Garrett und Cutler, Wayne, „Creating customer value." In: *Strategy & Business,* 3. Quartal 1998.

3 Tichy, Noel und Sherman, Stratford, *Control Your Destiny or Someone Else Will* (New York: Doubleday Currency, 1993).

4 Waters, Richard, „Too big for its booties." In: *Financial Times,* 9. Oktober 1997.

5 Crainer, Stuart, *The Ultimate Business Guru Book* (Oxford: Capstone, 1998).

6 General Electric Jahresbericht 1997.

7 Conlin, Michelle, „Revealed at last: the secret of Jack Welch's success." In: Forbes, 26. Januar 1998.

8 Conlin, Michelle, „Revealed at last: the secret of Jack Welch's success. „ In: *Forbes,* 26. Januar 1998.

5 Schau nach vorne, nicht zurück

Die Tatsache, daß Welch keine institutionelle Erinnerung hat und anderen nicht erlaubt, die ihre zu pflegen, zählt zu den unschätzbaren Vorzügen von General Electric.

Adrian Slywotzky[1]

Die Zukunft beginnt an der Spitze

Der moderne Spitzenmanager steht ständig unter dem Druck der Analysten, die nach kurzfristigen Resultaten rufen. So ist er versucht, sich auf das Management der Gegenwart zu beschränken und die Zukunft sich selbst zu überlassen.

Doch es war nie wichtiger als heute, über den Tellerrand hinauszublicken. Je weiter Sie vorausblicken, desto vorteilhafter dürfte sich Ihre Zukunft entwickeln. Der Strategieguru Gary Hamel meint, jene Unternehmen, welche die Veränderung als interne Angelegenheit betrachten, seien dazu verurteilt, den Anschluß zu verlieren. Statt dessen müßten sie über die Grenzen ihrer Branchen hinausblicken. Hamel schätzt, daß 80 Prozent des Lernens außerhalb der Unternehmensgrenzen stattfinden müssen, wenn man Aufschluß über zukünftige Entwicklungen gewinnen will. Doch die Unternehmen sind nur beschränkt dazu imstande, den Blick nach außen zu richten. „Die gute Nachricht lautet, daß fast alle anderen Unternehmen ebenso blind sind“, erklärt Hamel. „Doch die Zukunft ist nicht unvermeidlich. Kein Unternehmen besitzt urheberrechtlich

„Die Zukunft ist nicht unvermeidlich. Kein Unternehmen besitzt urheberrechtlich geschützte Daten über die Zukunft. Die Aufgabe besteht darin, sich eine Vorstellung davon zu machen, was man durchsetzen kann.“

geschützte Daten über die Zukunft. Die Aufgabe besteht darin, sich eine Vorstellung davon zu machen, was man durchsetzen kann."[2] Die Schwierigkeit liegt darin, daß sich die meisten Führungskräfte schon in der Schule von ihrer Vorstellungskraft getrennt haben. Wer braucht Vorstellungskraft, wenn man ein Dossier voller unwiderlegbarer Fakten vorzuweisen hat?

Hamels Antwort lautet: Es gibt vier Voraussetzungen für Strategien zum Erreichen von Wohlstand. Erstens muß ein Unternehmen „neue Leidenschaften" entwickeln. Die Menschen in der Organisation müssen sich wirklich um die Zukunft bemühen. Und ob man ihn mag oder nicht, man kann nicht leugnen, daß Jack Welchs Leidenschaft der Zukunft von General Electric gilt. Er bemüht sich um diese Zukunft.

Zweitens erfordert das Erreichen von Wohlstand „neue Stimmen". Hamel hat in vielen Unternehmen „einen Mangel an genetischer Vielfalt" festgestellt. „Die jungen Leute werden kaum an den Diskussionen über die Zukunft beteiligt. Wir brauchen keine Hierarchie der Erfahrung, sondern eine Hierarchie der Vorstellungskraft. Die überwiegende Mehrheit der Leute, die an den Unternehmensstrategien arbeiten, sind Wirtschaftsexperten und Techniker, die sich ein mechanisches Bild von der Strategie machen. Wo sind die Theoretiker, die Anthropologen, die eine breitere und unverbrauchte Sicht einbringen könnten?" Jack Welch mußte keine Anthropologen ins Unternehmen bringen: Er rief einfach Work-Out ins Leben und ließ die Mitarbeiter von General Electric von der Leine.

Drittens fordert Hamel „eine neue Form von Gespräch". Anstatt dieselben fünf Leute im fünften Jahr in Folge mit denselben fünf Leuten reden zu lassen, müssen seiner Ansicht nach mehr Menschen in die Strategieentwicklung eingebunden werden. Wiederum ist Work-Out ein ausgezeichnetes Beispiel: Denn es ermöglichte ein neues Gespräch im Unternehmen.

Schließlich bedarf es „neuer Perspektiven“: „Man kann die Leute nicht klüger machen, aber man kann ihnen neue Linsen einsetzen“, meint Hamel. „Nur nichtlineare Strategien werden neuen Wohlstand schaffen.“

Selbstverständlich gibt es auch andere Optionen. Viele werden Hamels Forderung nach einer Revolution weiterhin ignorieren und auch in Zukunft den Weg des geringsten Widerstands gehen. „Es wird viel über die Schaffung von Wert für die Aktionäre geredet. Das ist nicht schwierig. Man muß nur einen 60 Jahre alten Geschäftsführer finden, ein Ruhestandsalter von 65 Jahren festlegen und das Gehalt an die Entwicklung des Aktienkurses binden.“ Das Problem besteht darin, daß die Veränderung eben an diesem Punkt, an der mit Aktienoptionen beladenen Unternehmensspitze, beginnen muß. „Wir brauchen keine Visionäre, sondern Aktivisten. Wir brauchen Leute, die sich nicht so verhalten wie *Dilbert*“, erklärt Hamel.

Jack Welch erfüllt die Kriterien. Seine ganze Aufmerksamkeit gilt der Zukunft. Die Vergangenheit ist Geschichte. Auf der Jahreshauptversammlung des Unternehmens im Jahr 1990 verkündete Welch: „So erfolgreich die achtziger Jahre für GE gewesen sein mögen, sie sind vorüber, und unser ganzer Einsatz muß den Neunzigern gelten.“[3] Die Leistungen von gestern haben morgen keinerlei Bedeutung mehr.

Vergessen Sie die Vergangenheit. Wichtiger ist, was heute und morgen geschieht. Jack Welch ist der Meinung, Work-Out sei Teil dieses Prozesses gewesen: „Work-Out verfolgt ein praktisches und ein intellektuelles Ziel. Das praktische Ziel besteht darin, Tausende schlechte Gewohnheiten

Welch blickt nach vorn:
„So erfolgreich die achtziger Jahre für GE gewesen sein mögen, sie sind vorüber, und unser ganzer Einsatz muß den Neunzigern gelten.“

loszuwerden, die wir uns seit der Gründung von GE angeeignet haben. Wie würde es Ihnen gefallen, nach 112 Jahren aus einem Haus auszuziehen? Stellen Sie sich vor, was Sie in den Schränken und auf dem Speicher finden würden – die Schuhe, die Sie im kommenden Frühjahr beim Wändestreichen tragen werden, obwohl Sie wissen, daß Sie dieses Haus nie wieder streichen werden. Wir haben 112 Jahre alte Schränke und Speicher in diesem Unternehmen. Wir wollen all das aufgeben, in ein vollkommen neues Haus mit leeren Schränken einziehen, ganz von vorn anfangen."[4] Die Organisation – jede Organisation – muß sich entwickeln und vorwärts bewegen oder sich damit abfinden, in der Vergangenheit steckenzubleiben.

Male dir deine Zukunft aus

General Electric ist nicht blind in seine Zukunft gestürmt. Das Unternehmen hat sich seine Zukunft ausgemalt und sich sodann darangemacht, sie zu erschaffen.

„Wir diskutierten nicht darüber, was der Computer sein sollte", erklärte einer der Ingenieure, die den Apple Macintosh entwickelten. „Wir wußten alle, was er sein sollte. Unsere Aufgabe bestand darin, loszugehen und ihn zum Funktionieren zu bringen." Trotz aller Mission Statements und visionären Erklärungen der Führungskräfte in den Jahresberichten ist eine derart klare Zielsetzung selten.

Peter Drucker sprach den Kern des Problems an, als er die westliche Einstellung der japanischen gegenüberstellte. „Einer der größten Unterschiede zwischen den Japanern einerseits und den Europäern und Amerikanern andrerseits besteht darin, daß die Japaner ihre Aufgabe nicht als gegeben hinnehmen. Sie gehen nicht von der Frage ‚Wie sollen wir es tun?' aus, sondern fragen: ‚Was versuchen wir zu tun?'"

Eine flexible, jedoch klare und bindende Vorstellung von der Zukunft ist ein unverzichtbarer Bestandteil effektiver Führung. Sie einigt unterschiedliche Teams, Abteilungen und Personen und versetzt sie in die Lage, ihre Unterschiede hinter sich zu lassen und miteinander auf ein klares, gemeinsames Ziel hinzuarbeiten. Hier handelt es sich nicht um eine PR-Übung oder um ein belächeltes Mission Statement am Schwarzen Brett in einer Werkshalle. Hier handelt es sich um einen realen und lebendigen Daseinszweck.

Der britische Wirtschaftsführer Sir Adrian Cadbury bezeichnet eine Vision als Richtungsvorgabe: „Wenn wir die Qualität der Führung beurteilen, müssen wir berücksichtigen, inwieweit ein Richtungssinn vorhanden ist. Der Richtungssinn der Führungskraft ist wichtiger als ihre Führungsbefugnisse, und die beiden Eigenschaften gehen nicht zwangsläufig Hand in Hand ... Viele Menschen hegen den Wunsch zu führen oder besitzen die Gabe der Führung, doch wenige, sehr wenige Menschen ... verbinden diese Gabe mit einer Vision und einem gutem Urteilsvermögen ...“[5]

Cadbury befaßt sich mit der wahren Rolle der Vision: „Eine Vision ist unverzichtbar, wenn man dafür sorgen will, daß jeder in einer Organisation weiß, welche Ziele sein Unternehmen verfolgt und wie er mit seiner eigenen Tätigkeit dazu beiträgt, diese Ziele zu erreichen. Darüber hinaus inspiriert eine Vision die Menschen dazu, sich mit den Zielen des Unternehmens zu identifizieren und sich dafür einzusetzen. Unternehmen sind im Geschäft, um Ziele zu erreichen. Aufgabe der Führungskraft ist es, diese Ziele festzulegen, sie den Mitarbeitern zu vermitteln und deren Bekenntnis zu den Vorhaben zu wecken.“

Jack Welch sieht eine seiner zentralen Aufgaben darin, eine Vision für das Unternehmen zu entwickeln und der Organisation zu vermitteln: „Gute Unternehmensleiter schaffen eine Vision. Sie werden zu leidenschaftlichen Anhängern der von ihnen artikulierten Vision und kämpfen

Welch über die Vision:
„Gute Unternehmensleiter schaffen eine Vision. Sie werden zu leidenschaftlichen Anhängern der von ihnen artikulierten Vision und kämpfen unermüdlich um ihre Verwirklichung."

unermüdlich um ihre Verwirklichung. Vor allem sind gute Unternehmensleiter offen. Sie steigen in die Organisation hinab und gehen überall herum, um die Mitarbeiter zu erreichen. Sie bleiben nicht auf den ausgetretenen Pfaden. Sie sind informell. Sie sprechen offen und direkt mit den Leuten. Sie bemühen sich unermüdlich darum, zugänglich zu sein. Es wird ihnen nie langweilig, ihre Geschichte zu erzählen."[6]

In Jack Welchs Händen ist die Vision nichts Ätherisches, sondern etwas Greifbares. Sie ist kein Traum, sondern Wirklichkeit.

Freunde dich mit der Technologie an

Die übertriebenen Urteile über die rasante technologische Entwicklung im vergangenen Jahrzehnt haben eine Reihe wichtiger Fakten überdeckt. Erstens sind die Spitzenmanager oft ungemein skeptisch. Sie sind nicht unbedingt Maschinenstürmer, aber die Informationstechnologie macht sie keineswegs glücklich. Zweitens ist die Informationstechnologie eher ein Werkzeug als ein Heilmittel für sämtliche Organisationsübel. Drittens will die Informationstechnologie erst richtig eingesetzt werden; die Unternehmen können sich nicht einfach zurücklehnen und an die Bilanz denken.

Einige Unternehmen scheinen dies zu verstehen. Jack Welch hat den Informationssystemen bei General Electric höchste Priorität eingeräumt. Benetton betreibt seine Einzelhandelskette per Computer. Doch andere sind weniger überzeugt. „Es taucht eine neue Generation von Managern auf, welche die Bedeutung der Informationstechnologie anerkennt. Doch gegenwärtig sind die meisten noch nicht dazu in der Lage", beklagt sich Charles Callahan vom Beratungsunternehmen Booz-Allen & Hamilton.[7]

Die auf Informationstechnologie spezialisierte Autorin Victoria Griffith schreibt in *Strategy & Business,* die Informationstechnologie müsse in die Unternehmensstrategie integriert werden. Sie solle höchste Priorität erhalten und überall in der Organisation unterstützt werden. Dazu gehöre es, IT-Personal in die Unternehmensführung aufzunehmen, ein Schritt, der in vielen Unternehmen die Überwindung tief verwurzelter Vorurteile erforderlich mache. „Die Informationsleiter sollten auf ihren Fachjargon verzichten und über ertragreiche Initiativen sprechen. Und die Geschäftsführer müssen ihnen zuhören", meint Griffith. Sie vertritt die Ansicht, daß der IT-Leiter eher einen wirtschaftlichen als einen technischen Hintergrund haben sollte. Und schließlich tritt sie dafür ein, die Informationstechnologie nicht an den Kosten, sondern an den Gewinnen zu messen. Anstatt sie als Verursacher von Kosten zu betrachten, solle man in der Informationstechnologie einen Erzeuger von Erträgen sehen. Sie müsse als Teil des Unternehmens anstatt als Anhängsel betrachtet werden.

Jack Welch hat sehr früh seine Liebe zur Technologie entdeckt. Das Call Center von General Electric spielt eine Vorreiterrolle. GE zählte zu den ersten Unternehmen, die Geschäfte über das Internet machten. „General Electric ist entschlossen, kein Opfer, sondern ein Nutznießer der Revolution in der Mikroelektronik zu werden. Jeder von Ihnen muß unsere technologische Wiedergeburt vorantreiben", erklärte Welch im Jahr 1981 vor GE-Mitarbeitern.[8] Nun ist die Zukunft bereits da.

Wie man die Zukunft richtig liest

In seinem 1982 erschienenen Buch Megatrends *nannte der Zukunftsforscher* John Naisbitt *zehn „unverzichtbare Umstrukturierungen". Einige davon haben sich als exakte Voraussagen bezüglich der folgenden Ereignisse erwiesen, während andere weniger zutreffend waren. Die folgenden jedenfalls decken sich mit den Veränderungen, die Jack Welch bei GE durchgesetzt hat:*

- *„Obwohl wir immer noch glauben, in einer Industriegesellschaft zu leben, beruht unsere Wirtschaft längst auf der Erzeugung und Verbreitung von Information", schrieb Naisbitt. Diese These hat mittlerweile allgemeine Anerkennung gefunden. Doch zu Beginn der achtziger Jahre waren noch traditionelle Themen wie die Produktionsmethoden vorherrschend. Naisbitt war seiner Zeit voraus. Über die technologischen Möglichkeiten im Informationsaustausch dachte eine kleine Gruppe von Forschern in den Laboratorien an der amerikanischen Westküste nach. Und natürlich Jack Welch, der General Electric unbarmherzig von einem Produktions- in ein Dienstleistungsunternehmen verwandelte.*
- *„Wir bewegen uns in zwei Richtungen: hin zur Hochtechnologie und hin zur Maßanpassung an den Menschen. Jede neue Technologie wird durch eine intensive menschliche Erfahrung ergänzt." Mit diesem Thema hat sich Naisbitt in den letzten Jahren ausführlicher auseinandergesetzt. „Die Beschleunigung des technologischen Fortschritts hat das dringende Bedürfnis nach einem Gegengewicht geweckt – nach High-touch-Erfahrungen. Herzverpflanzungen haben das Interesse an Hausärzten und Nachbarschaftskliniken neu entfacht;*

das Düsenflugzeug hat die Zahl der persönlichen Begegnungen zwischen Managern erhöht. Bei High-touch geht es um die Rückkehr zur menschlichen Dimension. Jede Veränderung findet lokal und von unten nach oben statt ... Wenn man die lokalen Ereignisse beobachtet, kann man verfolgen, wie sich die Muster verschieben. Und bedenken Sie, daß High-tech und High-touch keine Gegensätze sind. Man kann den technologischen Fortschritt nicht aufhalten, aber genauso kann man sich mit einer High-touch-Antwort kaum irren. Geben Sie den Leuten Ihre private Telefonnummer. Schicken Sie einen handgeschriebenen Brief. Federal Express ist ebenso zuverlässig und effizient wie die moderne Elektronik, aber sein Erfolg beruht auf einer Form von High-touch: der persönlichen Zustellung." Womit wir wieder einmal bei der Dienstleistung wären. Jack Welch sorgte dafür, daß General Electric eng mit kleineren Einzelhändlern verbunden blieb, und viele der von ihm durchgesetzten Veränderungen sollten GE in die Lage versetzen, persönliche Dienstleistungen effizienter zu erbringen.

- *„Wir genießen nicht länger den Luxus, in einem isolierten und autarken nationalen Wirtschaftsraum zu leben. Wir müssen anerkennen, daß wir Teil einer globalen Wirtschaft geworden sind. Wir beginnen uns von der Vorstellung zu lösen, daß die Vereinigten Staaten die industrielle Führungsnation der Welt sind und bleiben werden, und wenden uns anderen Aufgaben zu." Zu Recht sah Naisbitt in der beginnenden Globalisierung eine mächtige Kraft. Seine Ansicht, in Amerikas Selbsteinschätzung habe eine Veränderung stattgefunden, muß allerdings dahingestellt bleiben. Naisbitt* *untersuchte das von ihm so bezeichnete „globale Paradox", das er folgendermaßen beschrieb: „Je größer die Weltwirtschaft wird, desto mächtiger wird ihr kleinster Teilnehmer." GE hat seine globalen Geschäfte gefestigt. Jack Welchs Streben nach einer grenzenlosen Organisation hat es den Leuten von General Electric leichter gemacht, unabhängig von ihrem Aufenthaltsort Wissen und Erfahrungen auszutauschen.*

- *„Wir wandeln uns von einer Gesellschaft, die sich an kurzfristigen Überlegungen und Belohnungen orientiert, zu einer Gesellschaft, welche die Dinge in einen sehr viel größeren Zeitrahmen einordnet." Nach 16 Jahren gibt es kaum Belege dafür, daß sich diese These bewahrheitet hat. Bei General Electric allerdings kreist seit einem Jahrhundert alles um langfristige Überlegungen. Das Unternehmen hat sich noch nie aufgrund kurzfristiger Fehler von einem Geschäftsführer getrennt. In diesem Unternehmen zählt allein der langfristige Erfolg.*

- *„In Städten und Staaten, in kleinen Unternehmen und Unternehmensbereichen haben wir die Fähigkeit wiederentdeckt, innovativ zu handeln und Resultate zu erzielen – von unten nach oben." Naisbitt nahm die Mode des Empowerment Ende der achtziger und Anfang der neunziger Jahre vorweg. Das Empowerment verteilte die Verantwortung gleichmäßiger in den Organisationen, anstatt sie einzig und allein den Managern zu überlassen. Das Work-Out-Programm von Jack Welch zählt zu den erfolgreichsten praktischen Demonstrationen des Empowerment-Konzepts in der Unternehmenswelt.*

- *„Wir tauschen unsere Abhängigkeit von hierarchischen Strukturen gegen die Zusammenarbeit in informellen Netzwerken. Besonders bedeutsam wird diese Entwicklung für die Wirtschaft sein." Mit dieser These nahm Naisbitt einen der wichtigsten Trends des letzten Jahrzehnts vorweg. Überall entwickeln sich vielfältigste Formen von Netzwerken – mit den Lieferanten, zwischen Konkurrenten, intern, global. Die Technologie hat die Schaffung von Netzwerken ermöglicht, von denen noch vor wenigen Jahren niemand zu träumen gewagt hätte. Diese Entwicklung hat bedeutsame Auswirkungen gehabt. „Wenn jeder zur selben Zeit von allen Dingen erfährt, bedeutet das eben, daß auch alle anderen davon erfahren. Also wissen wir alle augenblicklich alles. Aber wir arbeiten noch immer im selben alten System. Daher ... durchlaufen wir eine Phase tiefgreifender Korrekturen", erklärt Naisbitt.[9] In Zusammenhang damit steht die Frage der Geschwindigkeit, in der Naisbitt schon früh eine Wettbewerbswaffe erkannte. „An die Stelle der Größenvorteile treten Verbundvorteile. Hier geht es darum, die richtige Größe für Synergie, Marktflexibilität und vor allem Geschwindigkeit zu finden", schrieb er in* The Global Paradox. *So sieht die Welt in den Augen von Jack Welch aus.*

Schau nach vorne, nicht zurück

- ***Heute die Zukunft schaffen.*** *„Die Zukunft ist unser ständiger Wohnsitz", sagte Marschall McLuhan. Jack Welch hat die Zukunft auf die Tagesordnung von General Electric gesetzt. Nur wenige Führungskräfte und*

Unternehmen sind dazu in der Lage. Entweder werden sie zu sehr vom Überlebenskampf in der Gegenwart in Anspruch genommen, oder die Zukunft erscheint ihnen zu furchteinflößend. Doch ein Unternehmen hat nur zwei Möglichkeiten: Entweder es entschließt sich, die Zukunft zu beeinflussen oder zu diktieren, oder es setzt sich hin und läßt sie geschehen. Nur mit einer dieser Vorgehensweisen wird es langfristig erfolgreich sein.

- ***Pläne schmieden, aber flexibel bleiben.*** *„Es gibt viele Methoden, die Zukunft vorherzusagen. Man kann Horoskope studieren oder die Zukunft aus Teeblättern, Tarotkarten oder Kristallkugeln lesen. Keine dieser Methoden gilt als besonders vernünftig. Man kann auch hochentwickelte Computermodelle mit sorgfältig gesammelten Daten füttern, was gemeinhin als völlige Zeitverschwendung bezeichnet wird", meint Scott Adams, der Schöpfer von Dilbert. Sie können soviel planen, wie Sie wollen, solange Sie stets mit Veränderungen rechnen. Ihre Mission darf nicht von vornherein feststehen, sondern muß laufend der Veränderung angepaßt werden.*

- ***Die Zukunft wird anders als die Gegenwart sein.*** *„Man kann die Zukunft nie ausgehend von der Vergangenheit planen", erklärte Edmund Burke. In unserer Zeit der Geschwindigkeit, der Turbulenz und der unablässigen Entwicklung können Sie sich darauf verlassen, daß die Zukunft sich in jeder erdenklichen Hinsicht von der Vergangenheit unterscheiden wird.*

- ***Den Blick nach draußen richten.*** *Jede Umgebung, so anregend sie kurzfristig auch sein mag, schränkt uns ein. Führungskräfte müssen in der Lage sein, über die*

Mauern hinauszublicken, außerhalb ihrer eigenen Umgebung nach neuen Perspektiven, Beispielen und Anregungen zu suchen. Große Führungspersönlichkeiten suchen unablässig nach neuen Perspektiven und Erkenntnissen, zusätzlichen Informationen und effektiveren Methoden zur Umsetzung ihrer Visionen. Vielleicht ist es ihre Exzentrik, die großen Führungspersönlichkeiten eine abweichende Betrachtungsweise ermöglicht. Sie sind stets offen für eine abweichende, umfassendere oder inspirierendere Einschätzung einer Situation oder Angelegenheit.

- ***Die Technologie sollte man nutzen, aber sich nicht in sie verlieben.*** *Technologie wirkt befreiend. Sie kann Menschen und Organisationen effizienter machen. Doch das wird sie nur tun, wenn man sie in den Dienst des Unternehmens stellt. Nur Dummköpfe stürzen sich Hals über Kopf hinein.*

- ***Optimismus hilft.*** *Düstere Vorhersagen gibt es im Übermaß. Noch nie war ein Unternehmen, dessen Führungskräfte die zukünftigen Möglichkeiten pessimistisch beurteilten, in der Zukunft erfolgreich. Jack Welch hat eine positive und unerbittlich optimistische Einstellung. Überall, wo er hinblickt, sieht er Potential für Wachstum, für Entdeckungen und Effizienz.*

Anmerkungen

1 Slywotzky, Adrian, *Value Migration* (Boston: Harvard Business School Press, 1996).

2 Crainer, Stuart, *The Ultimate Business Guru Book* (Oxford: Capstone, 1998).

3 General Electric Jahreshauptversammlung 1990.

4 Tichy, Noel und Charan, Ram, „Speed, simplicity and self-confidence." In: *Harvard Business Review,* September–Oktober 1989.

5 Cadbury, Sir Adrian, *Leaders on Leadership* (London: Institute of Management, 1996).

6 Tichy, Noel und Charan, Ram, „Speed, simplicity and self-confidence." In: *Harvard Business Review,* September-Oktober 1989.

7 Griffith, Victoria, „Making Information Technology Strategic." In: *Strategy & Business,* viertes Quartal 1997.

8 „Passing the torch." In: *Monogram,* Januar–Februar 1981.

9 Interview mit John Naisbitt. In: *Star Tribune,* November 1996.

6 Lerne und leite

Das Interessante an Jack Welch ist, daß er als Persönlichkeit unablässig wächst und sich entwickelt. Der Jack Welch der frühen achtziger Jahre hielt Dinge wie Empowerment und Transformation für leeres Gerede.

Richard Pascale[1]

Der neue Typ der Führungskraft

„Unsere herkömmliche Vorstellung von Führungspersönlichkeiten – von besonderen Menschen, welche die Richtung vorgeben, die Schlüsselentscheidungen fällen und die Truppen motivieren – ist tief in einem individualistischen und nicht-systemischen Weltbild verankert. Insbesondere in der westlichen Welt werden Führungspersönlichkeiten als Helden betrachtet – als große Männer (und gelegentlich Frauen), die in Krisenzeiten *das Ruder ergreifen*", klagt Peter Senge vom MIT. „Unsere Führungsmythen gründen immer noch auf dem Bild des Kavallerieoffiziers, der seine Mannen in den Angriff führt, um die Siedler vor den angreifenden Indianern zu retten. Solange derartige Mythen wirken, bleibt unser Blick auf kurzfristige Entwicklungen und charismatische Helden beschränkt, anstatt daß wir uns auf die Wechselwirkungen der verschiedenen Kräfte in einem System und auf das kollektive Lernen konzentrieren würden. Im Mittelpunkt der traditionellen Vorstellung von Führung steht die Annahme, die Menschen seien machtlos, besäßen keine persönliche Vision und seien nicht in der Lage, die Veränderungskräfte zu bewältigen – Mängel, die nur von einigen wenigen großen Führungspersönlichkeiten ausgeglichen werden können."

Die Rolle der Führungskraft wandelt sich. Die traditionellen Führungskonzepte kreisten um Visionen und Charisma. Mittlerweile scheint die Botschaft zu lauten, daß Charisma nicht mehr genügt, um einer Führungskraft den

Erfolg zu sichern – die Wahrscheinlichkeit des Scheiterns ist bei Führungskräften mit starken Persönlichkeiten keineswegs geringer (wie Bob Horton bei BP, John Akers bei IBM und sogar Al Dunlap zu ihrem Leidwesen erfahren mußten). Zu den Führungskräften neuen Typs zählen Leute wie Percy Barnevik von Asea Brown Boveri, Richard Branson von Virgin und Jack Welch.

Zur selben Zeit, da sich die Rolle der Führungskraft wandelt, wird auch die Führung komplexer und dürfte zusätzliche Bedeutung für den Erfolg gewinnen. Die Führungskräfte müssen dafür sorgen, daß hohe Leistungsniveaus erreicht und gehalten werden. Gleichzeitig müssen sie ein wachsendes Maß an Komplexität und Unklarheit bewältigen, Veränderungsprozesse einleiten und lenken, für die stetige Entwicklung der Organisation und ihrer Prozesse sorgen und sicherstellen, daß die Mitarbeiter des Unternehmens so motiviert, gefördert und belohnt werden, daß sie herausragende Leistungen erbringen. Der Unternehmensleiter ist keine isolierte Person an der Spitze der Organisation mehr. Ganz im Gegenteil: Eben jener Individualismus, der gemeinhin mit der Führerpersönlichkeit assoziiert wird, wird heutzutage zunehmend als Mangel betrachtet. Jene Menschen, die uns als Inbegriff großer Führungspersönlichkeiten gelten – von Napoleon bis Margaret Thatcher – sind nicht gerade für ihre Eignung zur Teamarbeit bekannt. Doch eben diese Fähigkeiten sind von überragender Bedeutung für die Führungskraft der Gegenwart. Der neue Unternehmensführer muß ein echter Renaissancemensch sein.

„Im Einzelfall mögen die Umstände den Aufstieg von Menschen mit einzigartigen Eigenschaften oder Werten erzwingen, doch die meisten Führungspersönlichkeiten müssen ihre Fähigkeiten, ihre Erfahrung und ihre Visionen der Zeit und dem Ort anpassen", erklärt der Psychologe Robert Sharrock von YSC. „Die Führungskräfte von heute müssen pragmatisch und flexibel sein, um zu überleben. Mehr und mehr müssen sie eher mit Menschen als mit Aufgaben umgehen können. Das Führungsklischee vom ‚großen Mann' trifft selten zu – wenn es das Team ist, das ein Unternehmen funktionieren läßt, dann müssen wir uns vom Konzept des individuellen Führers lösen und uns auf Gruppen von Menschen mit einer Vielzahl von Führungsfähigkeiten konzentrieren."[2]

Tatsächlich ist das Pendel soweit in die andere Richtung ausgeschlagen, daß sich immer mehr Forscher dem Studium der Gefolgsleute widmen. Früher hielten die Beobachter nur Ausschau nach dem General und würdigten den einfachen Soldaten keines Blickes. Heute werden die Fußtruppen ermutigt, ihre Meinung zu äußern und Einfluß auf die Funktionsweise des Unternehmens zu nehmen. „Die Gefolgsleute gewinnen an Macht. Mittlerweile ist es üblich, daß die Leistung der Vorgesetzten von den Untergebenen geprüft und beurteilt wird. Das bedeutet selbstverständlich, daß sich die Führungskräfte in einer Art und Weise um die Unterstützung ihrer Gefolgsleute bemühen, an die sie früher nicht im Traum gedacht hätten", erklärt Robert Sharrock.

Phil Hodgson vom Ashridge Management College in Großbritannien hat eine Reihe von Unternehmensleitern analysiert und ist zu dem Ergebnis gelangt, daß die traditionellen Führungsmodelle nicht mehr zeitgemäß sind. „Im großen und ganzen entsprachen die Manager nicht mehr der Vorstellung vom individualistischen Führer. Sie betrachteten es vielmehr als ihre Aufgabe, die Menschen und die unterschiedlichen Teile der

Die moderne Führungskraft muß als Coach, Mentor und Problemlöser fungieren. Sie muß ihren Gefolgsleuten die Möglichkeit geben, selbst das Lob für Erfolge zu ernten und die Verantwortung für Mißerfolge zu tragen. Und sie muß ihre eigene Führungsrolle laufend bewerten und weiterentwickeln.

Organisation so miteinander zu verknüpfen, daß sie als Individuen und als Organisation an Effektivität gewannen."[3] Daraus zieht Hodgson den Schluß, die moderne Führungskraft müsse als Coach, Mentor und Problemlöser fungieren. Sie müsse ihren Gefolgsleuten die Möglichkeit geben, selbst das Lob für Erfolge zu ernten und die Verantwortung für Mißerfolge zu tragen. Und sie müsse die eigene Führungsrolle laufend neu bewerten und weiterentwickeln. „Diese Führungskraft paßt sich keinem strikten oder orthodoxen Rollenmodell an, sondern zieht es vor, ihren eigenen, unverwechselbaren Führungsstil zu entwickeln", meint Hodgson. „Und sie weigert sich, den Leuten ihre Arbeit abzunehmen oder einen Persönlichkeitskult zu entwickeln." Das neue Rezept für die Führung, so Hodgson, beruht auf fünf Zutaten: Lernen, Energie, Einfachheit, Konzentration und innerer Sinn.

Der Führungsexperte Manfred Kets de Vries vom INSEAD in Paris hat den Zauber untersucht, der die Führungspersönlichkeit aus der Masse heraushebt. „Führungspersönlichkeiten sprengen enge Definitionen. Sie besitzen die Fähigkeit, die Menschen in ihrer Organisation zu begeistern", erklärt Kets de Vries. „Und sie arbeiten extrem hart – es ist noch nicht aus der Mode, durch gutes Beispiel zu führen – und sind sehr belastungsfähig. Und Führungspersönlichkeiten ... wissen ganz genau, wo ihre Mängel liegen. Daher halten sie Ausschau nach guten Leuten, die diese Lücken füllen können."[4]

In der Ära des Empowerment kommt der Fähigkeit zum Delegieren entscheidende Bedeutung zu. „Empowerment und Führung schließen einander nicht aus", meint de Vries. „Das Problem ist, daß viele Führungskräfte der Meinung sind, es sei erforderlich, stets die Kontrolle innezuhaben. Sie werden süchtig nach der Macht – und das bringt die Unternehmen um."

Ron Heifetz von der Harvard Business School und der Berater Don Laurie sind der Ansicht, daß die Unternehmensleiter und Organisationen heute vor „Anpassungsherausforderungen" stehen.[5] Die technischen Kenntnisse für die Bewältigung dieser Herausforderungen sind oft vorhanden, doch das erleichtert nicht zwangsläufig das Leben. „Anpassungsbemühungen sind erforderlich, wenn unsere tiefen Überzeugungen in Frage gestellt werden, wenn die Werte, die in der Vergangenheit unseren Erfolg begründeten, an Bedeutung verlieren, und wenn legitime abweichende Ansichten auftauchen", schreiben sie.

Die Anpassungsbemühungen erfordern Führung, etwas, an dem stets Mangel herrscht. Heifetz und Laurie erklären, die am besten für Anpassungen geeignete Form der Führung beruhe auf sechs Prinzipien. Das erste bezeichnen sie als „auf den Balkon hinaustreten". Die Unternehmensleiter müssen imstande sein, sich an der grundlegenden Arbeit zu beteiligen, ohne dabei den Blick für das Ganze zu verlieren. Dies ist die Vorbedingung für den Erfolg. Denken Sie daran, wie Jack Welch an der Vision von General Electric festhält, gleichzeitig jedoch den Bezug zu den praktischen Erfordernissen des Geschäfts bewahrt und sich die Zeit nimmt, Fortschritte und Leistungen zu überprüfen und die Besetzung der Managementposten zu überwachen.

Die zweite Führungsfähigkeit besteht darin, die „Anpassungsherausforderung" zu erkennen. Dies ist ein etwas nebulöser Begriff dafür, unter die Oberfläche vorzudringen und wirklich festzustellen, wo die kulturellen Probleme liegen. Und schließlich geht es um die Regulierung der Belastung. Die Führungskraft muß erkennen, daß Veränderung Streß verursacht. Geht er zu schnell voran oder gibt er den Leuten keine Gelegenheit, den Druck zu mildern, so verhält er sich kontraproduktiv. Viertens muß eine Führungskraft „disziplinierte Aufmerksamkeit aufrechterhalten": „Die Menschen brauchen Führung, um bei schwierigen Fragen die Konzentration nicht einzubüßen. Disziplinierte Aufmerksamkeit steht im Mittelpunkt guter Führung", schreiben Heifetz und Laurie. Führungspersönlichkeiten bewegen Menschen dazu, sich den wirklich schwierigen Aufgaben zu stellen, denen sie ansonsten lieber aus dem Weg gehen würden.

Die letzten beiden Prinzipien anpassungsfähiger Führung hängen eng zusammen: „Gib den Leuten ihre Arbeit zurück" und „Bringe die Führungsstimmen, die an der Basis laut werden, nicht zum Schweigen." Die Menschen müssen in jeden Veränderungsprozeß eingebunden werden und brauchen Gelegenheit, ihre Ansichten zu äußern, selbst wenn sich diese nicht mit der Auffassung der Führung decken. Verknüpft werden all diese Elemente dadurch, daß alles dauernd in Frage gestellt werden muß. „Führungskräfte müssen nicht alle Antworten wissen. Aber sie müssen die richtigen Fragen stellen", erklären Heifetz und Laurie, um daraus folgenden Schluß zu ziehen: „Um zu führen, braucht man nicht mehr als eine Frage."

Reduziert man all diese Punkte auf ihre Quintessenz, so ergibt sich das folgende neue Führungsmodell.

Man muß bereit sein, Fehler zu machen und die eigene Fehlerhaftigkeit einzugestehen

Unternehmensführer gelten nicht länger als unfehlbar. Das Podest wurde weggeräumt. Führungskräfte sind menschlich. Sie machen Fehler.

Im Jahr 1986 kaufte General Electric für 600 Mio. Dollar 80 Prozent von Kidder Peabody. Das folgende Kidder-Debakel kostete den Konzern 1,2 Mrd. Dollar. „Ich belohnte Fehler, indem ich Mitarbeitern nach Mißerfolgen einen Preis verlieh, da sie etwas probiert hatten", sagt Jack Welch. „Geht weiter Risiken ein. Ich halte in Crotonville einen sechsstündigen Kurs über Führung ab. Dort sage ich den Leuten immer: Wenn der Chairman Kidder Peabody kaufen und die

Sache in den Sand setzen kann, könnt ihr euch praktisch alles herausnehmen. Die Geschichte war 19mal auf der Titelseite des *Wall Street Journal*. Wenn der Chairman das tun kann, ohne dafür gehängt zu werden, solltet ihr in der Lage sein, überall etwas zu wagen. Größeren Schaden als er könnt ihr eigentlich nicht anrichten."[6]

Welch nimmt für sich in Anspruch, eine Kultur aufgebaut zu haben, in der Fehler als etwas Positives akzeptiert werden. „Indem man Fehler bestraft, sorgt man dafür, daß sich niemand etwas traut", meint er.[7] Es geht darum, Risiken einzugehen und aus Fehlschlägen etwas zu lernen.

Diese Botschaft findet auch anderswo in der Branche Widerhall. Der CEO eines großen US-Unternehmens verteilte in den Versammlungen seiner Führungsmannschaft Preise für die besten Fehlschläge. Manchem fiel bei dem bloßen Gedanken die Kinnlade herunter. Die Maßnahme stellte eine wesentliche kulturelle Veränderung dar, denn noch ein Jahr zuvor hatte man Mißerfolge – insbesondere große und solche von öffentlichem Interesse – vertuschen müssen, anstatt sie zu feiern.

Ein solches Vorgehen bedeutet in erster Linie, die Tatsache anzuerkennen, daß wir nicht aus unseren Erfolgen, sondern aus unseren Fehlschlägen am meisten lernen. „Das meiste, das ich lernte, lernte ich nicht formal, sondern durch Fehlschläge und Mißerfolge. Ich lernte aus kleinen Katastrophen", gesteht Charles Handy, der Autor von *The Age of Unreason*.[8] Handy ist kein Einzelfall. Die meisten von uns lernen eher zufällig und durch gelegentlich recht unglückliche Erfahrungen. Gäbe es Preise für den besten Fehlschlag, so dürften wir alle auf mehrere Nominierungen hoffen.

In einer britischen Tageszeitung erschien einmal wöchentlich eine Kolumne mit dem Titel „Mein größter Fehler". Es war eine fesselnde Lektüre. Ein Manager nach dem anderen gestand eine furchtbare Fehleinschätzung ein. Bemerkenswert war, daß all diese Fehler vor langer Zeit geschehen waren – die Führungskräfte konnten keine Fehlurteile in jüngster Vergangenheit zugeben – und daß die Manager wichtige Lehren daraus gezogen hatten. In vielen Fällen wurden die Leute geradezu von ihren Mißerfolgen verfolgt. Ein einmal begangener Fehler war ihnen eine Lehre, die sie nie wieder vergaßen.

Jeder von uns könnte einen ähnlichen Artikel verfassen. Und vielleicht sollten wir das sogar regelmäßig tun. Denn obwohl wir oft sehr unter unseren Fehlern leiden, ändern wir häufig nichts an unserem gewohnten Verhalten. Wir wollen nicht durch Fehler auffallen, sondern tauchen in der Masse unter. Die Angst vor dem Versagen ist ein tief verwurzelter Instinkt, den die Organisationen nur noch stärken.

In Unternehmen wird die Angst vor dem Versagen zu einem Überlebensinstinkt. Wir treten in ein Unternehmen ein und lernen dort, wie wir vorzugehen haben. Wenn Sie bei einer bekannten Einzelhandelskette eine Tätigkeit an der Kasse aufnehmen, führt man Ihnen einen Tag lang Videos vor (das ist billig und vergeudet keine wertvolle Managementzeit), in denen erklärt wird, wie das Unternehmen funktioniert, welche Werte es hochhält und wie es die Dinge tut. Das ist eine gute Idee, nur lernen wir anhand dieses Verfahrens nicht, was geschieht, wenn etwas schiefgeht – mit Ausnahme der Tatsache, daß wir gefeuert werden, wenn etwas sehr schiefgeht.

Eine andere Einzelhandelskette hat eine bessere Idee gehabt. Das Unternehmen wirft die Leute ins kalte Wasser und stellt sie einen Tag lang hinter den Schalter, um zu sehen, wie sie mit echten Kunden umgehen. Dann entscheidet es darüber, ob jemand wirklich für den Job geeignet ist.

Bei Decision Research, einem in Eugene im amerikanischen Bundesstaat Oregon ansässiges Unternehmen, das Strategien für das Risikomanagement studiert, ist man zu dem Schluß gelangt, daß Menschen eher Risiken eingehen, die sie als selbst gewählt, beherrschbar, verständlich und gerecht verteilt betrachten. Umgekehrt scheuen die Menschen vor Risiken zurück, die sie nicht verstehen und die in ihren Augen ungerecht verteilt sind.[9]

Lernen

„Wenn ich aufhöre, Neues zu lernen, und beginne, die Vergangenheit mit der Zukunft zu vergleichen, werde ich meinen Hut nehmen", sagt Jack Welch.[10] Die Führungskräfte von heute müssen führen lernen. Dies ist offenkundig eine große Veränderung und stellt die Manager vor allem vor eine große Herausforderung.

> **Jack Welch über das Lernen:**
> ***„Wenn ich aufhöre, Neues zu lernen, und beginne, die Vergangenheit mit der Zukunft zu vergleichen, werde ich meinen Hut nehmen."***

Viele Unternehmensleiter werden von einem mentalen Modell eingeengt, demzufolge das Lernen eine passive Aktivität ist. Dazu kommt, daß die meisten Spitzenmanager daran gewöhnt sind, stets Selbstvertrauen und Kompetenz zur Schau zu tragen, anstatt einzugestehen, daß sie unsicher, verwundbar oder ängstlich sind. Die meisten Führungskräfte verstehen es sehr gut, ihre Stärken zu demonstrieren, während sie nur selten Gelegenheit haben – oder dazu bereit sind –, ihre Schwächen mit Menschen zu besprechen, die den Druck verstehen, jedoch keine direkte berufliche Beziehung zu ihnen haben.

Zu lernen bedeutet, Risiken einzugehen, und wer Risiken eingeht, wird verwundbar. Die Menschen fürchten sich davor, verwundbarer zu werden, sich möglicherweise einem Gesichtsverlust auszusetzen, eine Chance einzubüßen, ganz allgemein vor Verlust. Die Folge ist, daß Führungskräfte das pflegen, was zutreffend als „Mythos der Beherrschung" bezeichnet wird. Indem sie mögliche Schwierigkeiten und Situationen, in denen sie verwundbar werden, sorgfältig umschiffen, entwickeln Manager die Überzeugung, unbesiegbar zu sein.

Die Menschenpflege beherrschen

Die Macho-Führung ist nicht mehr zeitgemäß. „Wir müssen auf das Chef-Element verzichten“, erklärt Jack Welch, ein Meister der einfühlsamen Führungsmethode. „Wir werden uns nur mit Ideen durchsetzen, nicht mit Peitsche und Ketten.“[11] Jack Welch coacht seine Leute. Er kommuniziert mit ihnen. „Der Unternehmensleiter muß zunehmend ein Betreuer sein. Er muß seine Manager coachen. Er muß seinen Mitarbeitern dabei helfen, sich zu entwickeln“, meint Brian Chernett, Gründer und geschäftsführender Vorsitzender der Academy for Chief Executives. „Die Fähigkeit, Menschen zu beeinflussen, ist die wichtigste Fähigkeit einer Führungskraft. Das Problem ist, daß viele eine Abneigung gegen solche ‚weichen‘ Fähigkeiten hegen. Manchmal muß man sie verschleiern – als Gestaltungsprozeß oder als Lernen von sehr erfolgreichen Menschen.“[12]

> **Jack Welch über Ideen:**
> ***„Wir müssen auf das Chef-Element verzichten. Wir werden uns nur mit Ideen durchsetzen, nicht mit Peitsche und Ketten.“***

Die Menschen einbeziehen

Jack Welch erklärt: „Ich hoffe, Sie verstehen, daß die Unternehmenstätigkeit in einer Abfolge von Versuch und Irrtum besteht. Es ist keine großartige Wissenschaft. Es werden Fehler gemacht. Es geht einfach nur darum, den Ball weiterzuspielen. Niemand besitzt eine Zauberformel. Wenn es eine Formel gibt, so lautet sie, daß man alle in das Spiel einbeziehen muß. Man kann keinem Einzelnen die Kontrolle über das Spiel überlassen. Und wir arbeiten jeden Tag daran: Alle müssen mitspielen, und mehr Menschen müssen an den Erfolgen beteiligt werden."[13]

Jack Welch ist es gelungen, die Menschen in die Gestaltung der Zukunft von GE einzubeziehen – oder, um es im Managementjargon zu sagen: Er hat das Empowerment durchgesetzt. Daß dies gelungen ist, ist vor allem auf das Work-Out-Programm zurückzuführen, mit dem die Mitarbeiter (vielfach zum ersten Mal) eine Stimme erhielten. Doch am wichtigsten war, daß diese Stimme auch gehört wurde.

Die Ursprünge von Work-Out

Das Work-Out-Programm von General Electric wurde als bahnbrechendes Konzept gepriesen. In Wirklichkeit handelt es sich wie bei den meisten Managementkonzepten einfach um die Neufassung einer alten Idee. In diesem Fall handelte es sich um die Idee des „Aktionslernens" (Action Learning). Ihr Erfinder war der exzentrische britische Gelehrte Reg Revans. Er stellte die folgende einfache Gleichung auf: L = P + Q. Das Lernen (L) beruht auf einer Kombination programmierten Wissens (P) mit der Fähigkeit, gezielte Fragen (Q für Questions) zu stellen. „Im Kern bedeutet Aktionslernen, daß man sich seiner selbst bewußt wird, indem man herauszufinden versucht, was man tatsächlich tut, und verfolgt, aus welchen Gründen man es versucht und wozu das, was man anscheinend getan hat, führt."[14]

Während das programmierte Wissen eindimensional und beschränkt ist, erschließt uns die Fähigkeit zu fragen neue Dimensionen und ermöglicht einen fortschreitenden Lern-

prozeß. Revans vertritt die Ansicht, daß Ausbildungseinrichtungen auf das programmierte Wissen fixiert sind, anstatt die Lernenden dazu anzuregen, Fragen zu stellen und ein Thema von allen Seiten zu beleuchten.

Die Struktur, die diese beiden Elemente miteinander verbindet, ist das Team. „Im Mittelpunkt dieses Zugangs zur menschlichen Entwicklung auf allen Ebenen, in allen Kulturen und für alle Zwecke, steht heute die Idee der kleinen Gruppe von Gefährten im Kampf, die versuchen, mit- und voneinander zu lernen, indem sie ihre Fehlschläge eingestehen und ihre Siege auskosten", schreibt Revans in Action Learning.

Das Aktionslernen stellt die Antithese zum traditionellen Zugang in der Managementausbildung dar. „Wir müssen versuchen, die Probleme des anderen zu verstehen und ein Gefühl der Verantwortung für einander zu entwickeln, indem wir in kleinen Gruppen zusammenarbeiten", meint Revans.

Der große Geltungsbereich des Aktionslernens und die eklektischen Ideen von Revans verdeutlichen, daß es sich hier nicht um eine Methode handelt, die alle Probleme rasch beheben soll. Vielmehr erfordert sie ein radikales Umdenken.

Es gibt Anzeichen dafür, daß das Aktionslernen an Beliebtheit gewinnt. Zu den Befürwortern des Konzepts zählen Lord Weinstock und Sir Peter Parker. Beim Work-Out-Programm von General Electric handelt es sich um eine Form von Aktionslernen. Hier werden Aktionsteams eingesetzt, um bestimmte Probleme in Angriff zu nehmen. Bei diesem Ad hoc-Zugang besteht allerdings der Vorbehalt, daß die Teams nicht zwangsläufig verstehen, was sie gelernt haben.

Lerne und leite

- ***Den menschlichen Faktor berücksichtigen.*** *Der Unternehmer Robert Owen wandte sich im 19. Jahrhundert mit folgenden Worten an die Direktoren seiner Fabriken: „Viele von Ihnen haben in Ihren Produktionsabläufen seit langem Erfahrung mit den Vorteilen gut konstruierter und gut bedienter Maschinen. Wenn also eine sorgfältige Pflege der Maschinen derart gute Resultate bedingen kann, was dürfen wir dann nicht alles von einer entsprechenden Fürsorge für unsere beseelten Maschinen erwarten, die noch viel wunderbarer gebaut sind?" Die Berücksichtigung des menschlichen Faktors ist ein unverzichtbarer Bestandteil guter Führung. Die richtige Anordnung, Motivation und Einbindung sämtlicher Mitglieder der Organisation zählen zu den vorrangigen Aufgaben der Führungskraft. Jack Welch besitzt die Fähigkeit dazu.*

- ***Lernen, lernen, und noch ein wenig mehr lernen.*** *„Ich bin stets bereit, Neues zu lernen, obwohl es mir nicht immer gefällt, belehrt zu werden", sagte Sir Winston Churchill. Heute ist das Lernen ein unverzichtbarer Bestandteil der Unternehmensführung. Eine Führungskraft, die nicht lernt, wird sich auf Dauer nicht durchsetzen.*

- ***Die Richtung vorgeben und Werte schaffen.*** *Die Führungskraft muß einen riskanten Balanceakt bewältigen. Sie muß die langfristigen Ziele und die Vision ihrer Organisation festlegen, gleichzeitig jedoch auch die Beziehung zu den Menschen überall in der Organisation pflegen. Daher schwebt sie ständig in Gefahr, entweder in untergeordneten, lokalen Problemen zu versinken oder vom Leben der Organisation abgeschnitten zu* *werden. Harold Macmillan wurde einmal gefragt, was das Schwierigste an seinem Amt als Premierminister sei. Seine Antwort: „Die Ereignisse, mein Junge, die Ereignisse."*

In der Vergangenheit erwartete man von einem Spitzenmanager eine umfassende Kenntnis der Unternehmensaktivitäten. Doch die Erwartungen ändern sich. „Wenn die Mitglieder der ausführenden Ebene tatsächlich über unseren Erfolg entscheiden, dann hat der Manager vor allem die Aufgabe, diesen Leuten zu helfen und zu dienen", meint Robert Haas, Präsident und Geschäftsführer von Levi-Strauss. „Dies widerspricht der herkömmlichen Annahme, der Manager habe die Kontrolle. In der Vergangenheit wurde von einem Manager erwartet, daß er alles wußte, was im Unternehmen vor sich ging, und aktiv in die Aktivitäten seiner Untergebenen eingriff."[15]

Folglich gibt die Führungskraft den Ton an, prägt die Wertvorstellungen und geht mit seinem Beispiel voran. Der japanische Industrielle Konosuke Matsushita sagte es so: „Der Schwanz des Hundes folgt dem Kopf. Bewegt sich der Kopf schnell, so geht der Schwanz mit. Ist der Kopf träge, so hängt der Schwanz lustlos herunter."

- ***Die Dinge verändern.*** *„Aufgabe der Führungskraft ist es, allen begreiflich zu machen, daß das Haus brennt, ob die Flammen nun sichtbar sind oder nicht. Der Prozeß der Veränderung beginnt dann, wenn die Leute beginnen, die Flammen ernst zu nehmen und sich an den Tatsachen zu orientieren, was bedeutet, daß sie die brutale Wirklichkeit erkennen. Sie müssen die Realität kennen, um herausfinden zu können, was geändert werden muß", erklärt Larry Bossidy von AlliedSignal.*

Die Führungskraft ist ein Agent provocateur, der die Flammen der Veränderung anfacht und die Menschen in die Lage versetzt, sich zu Veränderungen zu entschließen. „Führung bringt Veränderung hervor. Das ist ihre vorrangige Funktion", meint John Kotter von der Harvard Business School.

- ***Die Führungskraft von morgen entwickeln.*** *Ralph Nader sagte: „Ich gehe von der Prämisse aus, daß die Funktion der Führung nicht darin besteht, mehr Gefolgsleute hervorzubringen, sondern darin, mehr Führungskräfte hervorzubringen." Wie wir gesehen haben, investiert Jack Welch viel Zeit und Geld in die Entwicklung der zukünftigen Führungskräfte.*

Anmerkungen

1 Pascale, Richard, *Managing on the Edge* (New York: Simon & Schuster, 1990).

2 Vom Autor geführtes Interview.

3 Vom Autor geführtes Interview.

4 Vom Autor geführtes Interview.

5 Heifetz, Ronald und Laurie, Donald L., „The work of leadership." In: *Harvard Business Review,* Januar-Februar 1997.

6 Lowe, Janet, *Jack Welch Speaks* (New York: John Wiley & Sons, 1998).

7 Welch, John E, „Shun the incremental." In: *Financier,* Juli 1984.

8. Vom Autor geführtes Interview.

9 Kleiner, K., „Beware experts carrying stigmas." In: *New Scientist,* 21. Oktober 1995.

10 Hirata, Ikuo, „Moving toward small-company soul in a big-company body." In: *Nikkei Business,* 21. Februar 1994.

11 Stewart, Thomas, „GE keeps those ideas coming." In: *Fortune,* 12. August 1991.

12 Vom Autor geführtes Interview.

13 Lowe, Janet, *Jack Welch Speaks.*

14 Vom Autor geführtes Interview.

15 Crainer, Stuart (Hrsg.), *Leaders on Leadership* (London: Institute of Management, 1996).

7 Kein leeres Gerede

Der Erfolg unserer Unternehmen hängt davon ab, ob die Manager zu wirklichen Führungspersönlichkeiten werden und sich als fähig erweisen, innerhalb und außerhalb des Unternehmens effektiv zu kommunizieren.

Sir Colin Marshall,
Chairman von British Airways[1]

KISS

KISS – Keep It Simple, Stupid – ist ein ungemein nützliches Akronym, insbesondere im Management, wo sprachliche Unklarheit und leere Phrasen regieren. Jack Welch glaubt an KISS: „Das Management hat nichts mit einer geheimnisvollen Wissenschaft zu tun. Wir haben eher einen der einfacheren Berufe gewählt." Und: „Die meisten globalen Unternehmen haben drei oder vier große Konkurrenten, die sie genau kennen. Und so besonders viel kann man in einem Unternehmen nicht anders machen. Es ist nicht so, als müßte man zwischen 2000 Optionen wählen."[2]

Viele Manager dürften anderer Meinung sein. In ihren Augen sind das Management und die Wirtschaft ungeheurer komplex. Doch Welch besitzt eine außerordentliche Fähigkeit zur Vereinfachung des Komplexen. Er vereinfacht, um zu kommunizieren. Er hat begriffen, daß die Kommunikation im modernen Unternehmensleben kein strenger, formaler Prozeß mehr sein kann. Sie muß vielmehr dynamisch, wirkungsvoll und unmittelbar sein. „Wenn wir etwas vereinfachen können, tun wir es auch", meint John Cahill, der ehemalige Leiter des Konglomerats BTR. „Wenn es uns gelingt, es einfach zu

Jack Welch über Einfachheit:
„Das Management hat nichts mit einer geheimnisvollen Wissenschaft zu tun. Wir haben eher einen der einfacheren Berufe gewählt."

sagen, können wir es unseren Leuten so vermitteln, daß sie es verstehen und eine aktive Rolle bei der Umsetzung übernehmen können."[3]

Diese Art von Direktheit ist eine wesentliche Voraussetzung für erfolgreiche Kommunikation. Jack Welch spricht geradeheraus. Er nennt das Kind beim Namen. „Welch erklärt, seine Mutter habe ihm drei wichtige Dinge beigebracht: offen zu sprechen, sich der Realität zu stellen und das eigene Schicksal in die Hand zu nehmen", schreibt Janet Lowe in *Jack Welch Speaks*.[4]

Welch verzichtet auf Managementjargon. Er äußert sich sehr unverblümt. Vor der Jahreskonferenz 1987 des Managements von NBC sagte er: „Wir werden jedes Jahr ein Ertragswachstum von Ihnen fordern. Und kommen Sie uns nicht mit Ausflüchten. So sind nun einmal die Regeln da draußen. ... Sie werden Ihr Schicksal selbst in die Hand nehmen. Tun Sie es nicht, so werden wir es tun."[5] Welcher andere Unternehmensleiter spricht so mit seinen Führungskräften?

Kommuniziere unablässig

Jack Welch kommuniziert unablässig. Er gönnt sich keine Atempause, sondern spricht und schreibt ständig. Er weiß, daß einige von ihm hingekritzelte Worte eine wirkungsvolle Botschaft darstellen. Sie zeigen, daß er sich die Zeit genommen hat; daß der Mensch zählt. Häufig sagt und schreibt er mehrmals dasselbe. Wie ein Präsidentschaftskandidat, der eine einstudierte Rede vorträgt, wiederholt er ständig die Kernaussagen, um sich mit seiner Botschaft Gehör zu verschaffen. Und es scheint ihm nie langweilig zu werden.

Percy Barnevik von ABB schätzt, daß er ein Zehntel seiner Zeit damit verbringt, die Strategie festzulegen, und die übrigen neun Zehntel darauf verwendet, sie den Mitarbeitern zu vermitteln. Das sagt viel über die ungeheure Bedeutung der Kommunikation. Es handelt sich dabei nicht um ein Vergnügen oder eine Ablenkung, sondern um eine Verpflichtung für jeden Manager. Jack Welch investiert ähnlich viel Zeit in die Kommunikation.

Im Jahr 1987 sprach Welch vor den Mitarbeitern von General Electric: „Wir haben etwas darüber gelernt, was Kommunikation nicht ist. Es handelt sich dabei nicht um eine Rede wie diese hier oder um ein Videoband. Es handelt sich nicht um eine Unternehmenszeitung. Echte Kommunikation ist eine Einstellung, eine Umgebung. Es handelt sich um den interaktivsten aller Prozesse. Kommunikation erfordert ungezählte Stunden persönlicher Gespräche. Sie erfordert, daß man mehr zuhört als man spricht. Echte Kommunikation ist ein konstanter, interaktiver Prozeß, der dazu dient, einen Konsens herzustellen."[6]

Bei Jack Welch ist die Kommunikation persönlich. Er ist sich darüber im klaren, daß ein beiläufiges kurzes Gespräch auf dem Gang wertvoller ist als einige Absätze in einer Unternehmenszeitung.

Aber Jack Welch spricht nicht nur. Er hört auch zu. Wie Work-Out gezeigt hat, muß die Kommunikation in beide Richtungen funktionieren. „Im Gegensatz zu einem verbreiteten Glauben ist eine charismatische Führung kein Kennzeichen erfolgreicher Unternehmen. Vielmehr haben solche Unternehmen im allgemeinen eine Führung, die ehrlich ist und zuhören kann. Sie achtet genau auf Leistungsmaßstäbe und Ziele und macht den Mitarbeitern verständlich, daß die Qualität nicht zur Disposition steht und daß der Dienst am Kunden den höchsten Stellenwert im Unternehmen einnimmt. Gleichzeitig ermutigt die Führung nicht nur die Mitarbeiter, ihre Vorstellungen zur Verbesserung der Qualität vorzulegen, sondern hört sich diese Vorstellungen auch an, setzt sie um und nutzt das Wissen und die Erfahrungen der Mitarbeiter auf allen Ebenen." Diesen Schluß hat George

Binney aus der Analyse der Qualitätsprogramme von 46 europäischen Unternehmen gezogen.[7] Nur wenn die Kommunikation in beide Richtungen fließt, kann der Prozeß tatsächlich als Kommunikation bezeichnet werden.

Die Regeln des Kommunikationsspiels[8]

Der Kommunikationsguru Heinz Goldmann beschreibt folgende Kommunikationsfähigkeiten:

- ***Einfühlungsvermögen.*** *Die Manager müssen in der Lage sein, sich in die Lage anderer Menschen zu versetzen. Sie müssen verstehen, was ihre Aussagen und Handlungen für Kollegen, Mitarbeiter, Kunden und alle anderen Gruppen bedeuten, auf die sich ihr Verhalten auswirkt. Die Fähigkeit, sich in andere Menschen einzufühlen, läßt erheblich nach, wenn sich die Manager außerhalb ihres geschützten Reviers in der Hierarchie bewegen müssen.*
- ***Gemeinsamkeit.*** *Damit Manager kommunizieren können, müssen sie einen gemeinsamen Nenner mit ihrer Zielgruppe finden. Es müssen Bande der Solidarität geknüpft werden. Mit fortschreitender Internationalisierung nehmen die interkulturellen Unterschiede zu, was es immer schwieriger macht, solche Bande zu knüpfen und effektiv zu kommunizieren. Doch solche Beziehungen sind unverzichtbar.*
- ***Wirkungsvolle Projektion.*** *Gelingt es nicht, die Botschaft interessant zu vermitteln, so hilft auch das größte Einfühlungsvermögen nicht. Eine gute Wirkung beruht auf der Projektion einer wirkungsvollen Botschaft, auf dem Porträt einer einflußreichen Persönlichkeit, die*

durch unerschütterliche (gleichzeitig jedoch akzeptable) Überzeugung beeindruckt. Einfühlungsvermögen und Projektion hängen nicht zwangsläufig zusammen. Desgleichen wird die Projektion nicht automatisch wirkungsvoller, weil die modernste Technologie eingesetzt wird. Es besteht sogar die allgegenwärtige Gefahr, daß die Technologie den Monolog begünstigt, da die Führungskräfte beginnen, den Möglichkeiten der technologischen Hilfsmittel größere Aufmerksamkeit zu schenken als der Botschaft, die sie ihrem Publikum vermitteln wollen. Eine unendliche Liste glänzender Präsentationsgraphiken erstickt das Interesse. Dazu kommt, daß die persönliche Kommunikation wesentlich wirkungsvoller ist als schriftliche Botschaften.

Ohne eine Kommunikation, die in beiden Richtungen funktioniert, wird es nicht gelingen, das gesamte Potential eines solchen Programmes auszuschöpfen. Doch findet eine solche Kommunikation statt, kann man in einer Organisation praktisch alles bewirken. Partizipation, Empowerment und Einbindung beruhen allesamt auf guter Kommunikation.

Positive Konflikte

Der englische Dichter John Milton schrieb: „Dort, wo der Wunsch zu lernen stark ist, wird unausweichlich viel gestritten und viel geschrieben, denn Streit unter guten Männern ist nichts anderes als entstehendes Wissen.“ Wenn wir mit einer riesigen Auswahl an Möglichkeiten konfrontiert sind und über beschränkte Mittel zur Durchführung verfügen, sind Meinungsverschiedenheiten unvermeidlich – und unverzichtbar.

Jack Welch investiert in die Menschen, doch er ist kein verzweifelt um Harmonie bemühter Manager, der sich vor der Konfrontation fürchtet. Den Spitznamen „Neutronen-Jack" hätte er nicht erhalten, wäre er ständig warmherzig und weich. Tatsächlich kann er Dummköpfe nicht ertragen und wird ungeduldig, wenn sich die erwünschten Resultate nicht einstellen. Er drängt ständig. Wer seinen strengen Maßstäben nicht genügt, wird seiner Aufgabe enthoben.

Interessant ist, daß Welch ein Klima konstruktiver Konfrontation erzeugt hat. Vor allem darum ging es bei Work-Out: Die Leute sollten sich den Problemen stellen und Lösungen finden. Weil er an die Fähigkeiten der Menschen und an die Kommunikation glaubt, ist Jack Welch bereit, den Argumenten anderer Menschen zuzuhören, auch wenn diese seinen eigenen Ansichten widersprechen.

„Warum kommt es in dieser Sitzung zu keinem Konflikt?", fragte Michael Eisner von Disney bei einer Konferenz seiner Spitzenmanager. „Wenn es keinen Konflikt gibt, stimmt irgend etwas nicht."[9] Im von ständiger Unsicherheit gekennzeichneten Wirtschaftsleben ist es von entscheidender Bedeutung, daß sich die Beteiligten darüber einig sind, die Uneinigkeit zu kultivieren.

Die Manager bewegen sich in einem Spannungsfeld zwischen dauerhaften (realen und akzeptablen) Leistungen, die sie erzielen können, indem sie sich an den Erfahrungen aus der Vergangenheit orientieren, und der Möglichkeit außerordentlich guter Ergebnisse, für die sie jedoch Risiken eingehen müssen. In diesem Spannungsfeld müssen die Führungskräfte bewußt Auseinandersetzungen und Uneinigkeit herausfordern. Sie akzeptieren ein „Ja" als Antwort, um dann „Warum?" zu fragen.

Es widerstrebt uns, Unsicherheit bewußt in Kauf zu nehmen. Die Sicherheit zieht uns ebenso an wie Pressekonferenzen einen Präsidentschaftskandidaten. Zumindest auf kurze Sicht ist der sichere Weg auch der beste zu akzeptablen

Leistungen. Doch das kreative Bemühen um Unsicherheit und Konfrontation kann uns einen vielversprechenderen Weg eröffnen.

Bei seiner Forschungsarbeit „stolperte" Richard Pascale über ein kybernetisches Gesetz, das als Gesetz der erforderlichen Vielfalt bezeichnet wird. Dieses Gesetz besagt, daß ein Organismus auf Vielfalt angewiesen ist, um sich seiner externen Umgebung anpassen zu können. Unterdrückt man die Vielfalt intern, so verliert man die Fähigkeit, mit ihr umzugehen, wenn man in der Außenwelt damit konfrontiert wird. „Doch wie tritt die Vielfalt in einem sozialen System zutage?", fragte Pascale. „Sie tritt als Abweichung von der Norm zutage – mit anderen Worten: als Konflikt. Das Problem ist, daß die meisten Unternehmen Konflikten abgeneigt sind. Vielfach setzen sie Konflikte mit verletztem Selbstwertgefühl, geschädigten Beziehungen und Kämpfen um Einflußbereiche gleich. Auseinandersetzungen werden fälschlich als Hinweise auf schlechtes Management gedeutet. Der Trick besteht darin zu lernen, Meinungsverschiedenheiten auszutragen, ohne die Fähigkeit zur Einigung einzubüßen, und den Streit als Mittel zur Selbstprüfung und Erneuerung des Unternehmens zu betrachten."[10]

Pascale vertritt die Auffassung, daß Konflikte in 50 Prozent der Fälle geglättet beziehungsweise vermieden werden. In weiteren 30 Prozent der Fälle münden Meinungsverschiedenheiten in Auseinandersetzungen, die zu keinem Ziel führen. Nur 20 Prozent der Konflikte werden ausgetragen und geklärt. „Es ist eine Ironie", erklärt Pascale. „Eine Bedrohung, die alle Welt wahrnimmt, über die jedoch niemand spricht, ist sehr viel destruktiver als eine Gefahr, die offen zutage tritt und in Angriff genommen wird. Wie die Menschen sind auch die Unternehmen zumeist so krank wie ihre Geheimnisse." Aus all dem zieht Pascale den Schluß, die Unternehmen müßten die „nicht diskutierbaren Fragen" auf den Tisch legen und „Zusammenbrüche" als Chancen zum

Lernen betrachten. Andere Kommentatoren wie Manfred Kets de Vries vom INSEAD äußern ähnliche Ansichten.

In seinem 1993 erschienenen Buch *Knowledge for Action* beschreibt Chris Argyris aus Harvard das Verhalten eines seiner Beratungsklienten, der selbst ein Beratungsunternehmen war.[11] Engagiert wurde Argyris von sieben erfolgreichen Beratern, die sich entschlossen hatten, ihr eigenes Unternehmen zu gründen. In ihrer Firma wollten sie die machiavellistischen Ränke vermeiden, denen sie in anderen Unternehmen begegnet waren. Doch ihre Hoffnungen wurden enttäuscht. Als die internen Streitigkeiten einen Großteil ihrer produktiven Energie zu verschlingen begannen, baten sie Argyris um Hilfe.

Die namentlich nicht genannten Berater, deren Probleme in dem Buch beschrieben werden, waren eigentlich Opfer dessen, was Argyris als *defensive Routinen* bezeichnet. Wurden die Führungskräfte mit einem Problem konfrontiert, das sie persönlich bedrohte, so neigten sie dazu, es zu vertuschen oder ihm vollkommen aus dem Weg zu gehen. Daher blieben die Diskussionen im Board auf nebensächliche Themen beschränkt. Immer, wenn eine wichtige Frage auf den Tisch kam, gab es mindestens einen Teilnehmer, der versuchte, die Diskussion im Keim zu ersticken. Doch außerhalb des Konferenzzimmers besprach man die großen Probleme und suchte nach Schuldigen. So wurden die Gräben zwischen den Unternehmensgründern immer tiefer. Das wirkte sich auch auf die übrige Organisation aus: Die Manager auf den unteren Ebenen hielten gezielt Informationen zurück, so daß die Unternehmensführung nicht gezwungen war, sich neuen Problemen zu stellen.

Die Tatsache, daß es sich bei dem Klienten von Argyris um eine Gruppe von Managementberatern handelt, unterstreicht die Bedeutung seiner Botschaft. Wenn gut ausgebildete, intelligente Führungskräfte in eine solche Falle gehen, wie stehen dann die Chancen des gewöhnlichen Sterblichen? Zunächst einmal müssen sich die gewöhnlichen Sterblichen den potentiellen und tatsächlichen Problemen stellen. Sie müssen dem Konsens mißtrauen und die offene Auseinandersetzung suchen.

Doch vom Konflikt zu profitieren, ist leichter gesagt als getan. Wir alle mögen Menschen, die unserer Meinung sind. Wir mögen Menschen, die unsere Ansichten, Befürchtungen und Vorlieben teilen. Aus diesem Grund neigen Manager bei der Einstellung neuer Mitarbeiter dazu, Bewerber mit ähnlichen Ansichten zu bevorzugen. Konflikte werden instinktiv vermieden.

Bisher lernten wir, daß sich das akzeptable Verhalten in einem engen Rahmen bewegen muß, da ansonsten die Gefahr droht, daß unsere Arbeit von unkontrollierbaren Abtrünnigen und Einzelgängern behindert wird. In Zukunft müssen wir die Bandbreite des akzeptablen Verhaltens erheblich erweitern. Don Hambrick hat in einem Artikel darauf hingewiesen, daß sich Führungskräfte mit Menschen umgeben müssen, die ihre Schwächen ausgleichen und ihre Stärken ergänzen.[12] In diesem Zusammenhang sollte darauf hingewiesen werden, daß Jack Welch eine Gruppe willensstarker Führungskräfte um sich versammelt hat – darunter Gary Wendt.

Kein leeres Gerede

- ***In die Kommunikation muß investiert werden.*** *Die Zeit und das Geld, die in die Kommunikation mit den Mitarbeitern und Kollegen investiert werden, sind die besten Investitionen in die kurz- und langfristige Unternehmensleistung.*

- ***Kommunikation mündet direkt in Innovation.*** *Dazu Jack Welch: „Das bürokratische Geflecht, das häufig die Kommunikation behinderte und den risikobereiten Neuerer abschreckte, wurde beschnitten. An seine Stelle ist eine dynamischere, das Handeln begünstigende und persönlich befriedigendere Umgebung getreten."*[13]

- ***Klare Kommunikation erzeugt klare Erwartungen.*** *Die Leute bei General Electric wissen genau, was von ihnen erwartet wird.*

- ***Kommunikation erleichtert das Leben.*** *Jack Welch hat eine große Begabung zur Vereinfachung des Komplexen. „Die Leute fragen mich: ‚Jack, was willst du bei NBC, du verstehst doch nichts von Komödien …'", sagt Welch. „Nun, ich kann auch kein Düsentriebwerk bauen. Und ich kann keine Turbine bauen. Unsere Aufgabe bei GE besteht darin, menschliche und finanzielle Ressourcen richtig einzusetzen. Die gesamte Managementphilosophie von GE beruht darauf, Talente zu finden, ihnen jede erdenkliche Unterstützung zu gewähren und ihnen die Umsetzung zu überlassen, sei es bei Turbinen, Triebwerken oder Fernsehsendern."*[14] *Ihm geht es darum, sowohl seine eigene Aufgabe als auch jene der Gesamtorganisation so klar wie möglich zu formulieren.*

- ***Ehrlichkeit zahlt sich aus.*** *„Sag ihnen die Wahrheit. Erstens ist es richtig, und zweitens werden sie ohnehin alles herausfinden", erklärt Paul Galvin von Motorola. Ehrliche Kommunikation ist auf lange Sicht stets der beste Weg, auch wenn sie auf den ersten Blick gefährlich wirken mag.*

Anmerkungen

1 Vom Autor geführtes Interview.

2 Leserbrief, Fortune, 24. April 1988.

3 Vom Autor geführtes Interview.

4 Lowe, Janet, *Jack Welch Speaks* (New York: John Wiley & Sons, 1998).

5 Aulleta, Ken, *Three Blind Mice:* How the TV Networks Lost Their Way (New York: Random House, 1991).

6 Lowe, Janet, *Jack Welch Speaks.*

7 Binney, George, „Rising above the bureaucracy of quality." In: *Directions,* Mai 1993.

8 Crainer, Stuart (Hrsg.), *Financial Times Handbook of Management* (London: FT/Pitman, 1995).

9 Zitiert nach Huey, J., „Eisner explains everything." In: *Fortune,* April 1995.

10 Zitiert nach Crainer, Stuart (Hrsg.), *Financial Times Handbook of Management.*

11 Argyris, Chris, *Knowledge for Action* (San Francisco: Jossey-Bass, 1993)

12 Hambrick, D., „The senior management team: a key to success." In: *California Management Review,* Herbst 1987.

13 General Electric Jahresbericht 1987.

14 „How GE made NBC No.1." In: *Fortune,* 3. Februar 1997.

8 Der Bürokratie keine Chance

Die Organisation der Funktionen gehorcht dem hierarchischen Prinzip: Jede Funktion untersteht der Kontrolle und Aufsicht durch eine übergeordnete.

Max Weber

Eine großartige Obsession

Veränderungsprogramme und Unternehmensrevolutionen brauchen einen Schlachtruf. Bei General Electric rief Jack Welch das Unternehmen in den achtziger und neunziger Jahren dazu auf, die Grenzen zwischen den Abteilungen und Funktionen zu überwinden. „Wir träumen von einem grenzenlosen Unternehmen, einem Unternehmen, in dem wir die Mauern niederreißen, die uns von den anderen Gliedern des Unternehmenskörpers und von unseren Geschäftspartnern trennen“, erklärte er. „In dem Unternehmen, von dem wir träumen, wird es zwischen Entwicklung, Herstellung, Marketing, Verkauf und Kundendienst keine Grenzen mehr geben. Dieses Unternehmen wird keinen Unterschied zwischen dem in- und ausländischen Betrieb machen – wir werden unserer Tätigkeit in Budapest und Seoul genauso selbstverständlich nachgehen wie in Louisiana und Schenectady. Das grenzenlose Unternehmen wird die Kluft zwischen ‚Managern‘, ‚Angestellten‘ und ‚Arbeitern‘, jene Kluft, die die Leute an der Zusammenarbeit hindert, überbrücken. Und das grenzenlose Unternehmen wird die Mauern zwischen sich und seiner Umwelt

Welch über das grenzenlose Unternehmen:
„Das grenzenlose Unternehmen wird die Kluft zwischen ‚Managern‘, ‚Angestellten‘ und ‚Arbeitern‘, die verhindert, daß die Leute zusammenarbeiten, überbrücken.“

dem Erdboden gleichmachen, um seine Schlüssellieferanten in einen einzigen Prozeß zu integrieren, in dem wir uns die Hände reichen und über unser gemeinsames Ziel nachdenken: die Zufriedenheit des Kunden."[1]

Hier gilt es, zwei Aspekte zu betrachten: Welchs Zugang zur Vermittlung der Botschaft, und die Botschaft an sich.

Die Zerschlagung der Bürokratie ist zu einer alles beherrschenden fixen Idee von Jack Welch und General Electric geworden. Ungezählte Male hat Welch die Botschaft wiederholt: „Zerschlagt die Bürokratie und löst die Hierarchie auf!" In praktisch jedem Interview kommt er auf das Thema zu sprechen.

Welch zieht eine feine Trennlinie zwischen Konzentration und Besessenheit. Führungskräfte haben vielfach mit den Dämonen der Besessenheit zu kämpfen. Sie sind davon besessen, ihre Absatzziele zu erreichen. Sie sind davon besessen, die Politik des Unternehmens neu zu formulieren. Oder sie sind von ihrer neuesten phantastischen Idee zur schlagartigen Leistungsverbesserung besessen.

Auch wenn nicht offen darüber gesprochen wird: Besessenheit ist ein fester Bestandteil des Unternehmenslebens. Vielfach müssen die Manager besessen sein, um Erfolg zu haben. Oder sie müssen sogar vom Erfolg an sich besessen sein. Allerdings ist Besessenheit kein Vorrecht der Wirtschaft. Das Erziehungswesen ermutigt schon die Kinder zu obsessivem Verhalten, und im Sport wimmelt es von Besessenen, die an nichts anderes denken können als daran, die Linie als erste zu überqueren, höher als alle anderen zu springen oder den Ball härter als jeder andere zu schlagen. Lehrer und Trainer fördern diese Form der Obsession (die sie allerdings als „Konzentration" bezeichnen) ebenso wie ein Vorgesetzter, der die Neigung eines jungen Managers zur Besessenheit honoriert, damit dieser 16 Stunden am Tag arbeitet und für das Unternehmen lebt.

„Es gibt eine gesellschaftlich akzeptable Besessenheit – etwa die des Musikers, der 12 Stunden am Tag übt – und eine inakzeptable Besessenheit", meint Phil Hodgson vom Ashridge Management College. „Im Organisationsleben erwarten und verlangen wir von den Managern obsessives Verhalten. Doch später in ihrer Karriere, wenn sie höhere Positionen einnehmen, erwarten wir von ihnen, daß sie ihre Neigung zur Obsession über Bord werfen und sich den Blick für das Ganze aneignen."[2]

Eine alles durchdringende Obsession gilt als positiv. Es herrscht die Überzeugung, daß Besessenheit motiviert. Der Unternehmensleiter arbeitet nicht nur deshalb am Tag, in der Nacht und am Wochenende, weil er die Arbeit erledigen muß, sondern auch, weil er glaubt, auf diese Art seine Umgebung zu einem ähnlichen Verhalten zu bewegen. Wenn die Manager ein obsessives Vorbild geben sollen, müssen sie immer länger und länger arbeiten. Die Frage, ob Überstunden auch ihre Produktivität erhöhen, wird dabei zumeist vernachlässigt.

Dennoch ist Besessenheit manchmal unerläßlich. Wenn man sein eigenes Unternehmen aufbaut, genügt es nicht, einigermaßen vom Erfolg überzeugt zu sein. Man muß für seine große Idee leben. Die Bank verlangt obsessives Engagement und die Gewißheit, daß das Unternehmen erfolgreich sein wird. Weniger ist nicht genug.

Wenn Sie eine Qualitätsinitiative leiten, genügt es nicht, mit Engagement bei der Sache zu sein. Nur mit besessenem Eifer kann das Niveau in der Kundenbetreuung beträchtlich gehoben werden. Unternehmen wie McDonald's und Marks & Spencer stützen sich auf ein obsessives Bekenntnis zu gutem Service.

Jack Welchs Besessenheit von Grenzen und Hierarchien ist bekannt. Gegenwärtig gilt seine Obsession der Beseitigung der Trennlinien zwischen den Funktionen. In einem Unternehmen entwickelte ein hochrangiger Manager den obsessiven Wunsch, seit langem bestehende Hindernisse zu beseitigen. Um zu beweisen, daß er im Recht war, fragte er bei einem Rundgang durch das Werk alle, denen er begegnete, was sie von „funktionalen Silos“ hielten. Die Leute antworteten durchwegs mit entschiedener Ablehnung. Seine Obsession hatte etwas Wichtiges bewirkt.

Problematisch ist, daß Obsessionen einen Manager und sein Unternehmen in eine Sackgasse führen können, was das Unternehmen unter Umständen teuer zu stehen kommt. Henry Ford war fest davon überzeugt, daß alle Menschen ein billiges, einheitliches Auto wollten. Dieses Auto brachte er unter großem Jubel auf den Markt und lehnte sich zurück, um zuzusehen, wie General Motors mit ständig neuen Modellen in verschiedenen Farben nachzog. Fords Besessenheit war zu einseitig und engte sein Unternehmen derart ein, daß sie seinen Fortschritt behinderte. IBM entwickelte einen obsessiven Glauben in den Großrechner und mußte schließlich verwirrt zusehen, wie ihm lauter junge Unternehmen seine Märkte abspenstig machten.

Jeder Psychologe wird Ihnen sagen, daß obsessives Verhalten die Gesundheit gefährdet. Das bedeutet, daß Manager einen riskanten Balanceakt vollführen. Wann wird der Geschäftsmann, der voller Energie ständig an neuen Deals bastelt, zu einem Besessenen in der Art eines Gordon Ghekko, der alle Grenzen ethischen Verhaltens überschreitet? Wann verwandeln sich Engagement und Begeisterung in Besessenheit?

Phil Hodgson vom Ashridge College zieht eine Trennlinie zwischen Engagement (das er als gesund und nach außen gewandt bezeichnet) und Besessenheit (ungesund und ichbezogen): „Wenn die besessenen Manager einen Schritt zurücktreten würden, wäre es ein leichtes für sie, die ungesunde Wirkung ihrer Obsession zu erkennen. Sie beherrscht ihr Leben auf Kosten von Familie, Freunden und Freude. … Besessenheit ist eine große Kraft, die zum Vorteil der Organisation genutzt werden muß. Aber man darf nicht zulassen, daß sie ein Eigenleben entwickelt. Die Manager verbrauchen ungeheure Mengen an Energie im obsessiven Streben nach Beförderungen und in politischen Grabenkämpfen. Wenn diese Energie freigesetzt und kanalisiert würde, wäre sie eine enorme Ressource für das Unternehmen und seine Mitglieder."

Ob es nun eingesetzt wird, um einen skeptischen Kreditmanager bei der Bank zu überzeugen oder ein radikales Veränderungsprogramm durchzusetzen: Die Macht obsessiven Verhaltens steht außer Frage. Fraglich ist nur, ob wir in der Lage sind, es zu unser aller Vorteil zu nutzen.

Das bürokratische Modell

Der Soziologe Max Weber gelangte zu dem Schluß, die effizienteste Organisationsform ähnle einer Maschine. Ihre Kennzeichen seien strikte Regeln, Kontrollmechanismen und Hierarchien sowie eine bürokratische Lenkung. Weber sprach in diesem Zusammenhang von „rationaler Herrschaft". Auf der anderen Seite standen die „charismatische" und die „traditionelle" Herrschaft. Im charismatischen Herrschaftsmodell wurde die Organisation von einer einzigen beherrschenden Figur geführt. Weber sah darin eine auf lange Sicht nicht praktikable Lösung. Wie in vielen anderen Fällen war er auch hier der erste, der dieses bedeutsame Phänomen erkannte und seine Verästelungen untersuchte. Die Geschichte hat Weber recht gegeben: Eine rund um eine einzelne charismatische Figur angeordnete Organisation ist langfristig nicht lebensfähig.

Die dritte von Weber beschriebene Organisationsform ist die traditionelle, in der die Dinge so gemacht werden wie

seit jeher. Dies gilt etwa für Familienbetriebe, in denen die Macht von einer Generation auf die folgende übergeht.

Ist man auf reine Effizienz angewiesen, so gibt es laut Weber nur eine einzige Möglichkeit: „Die Erfahrung zeigt durchweg, daß der rein bürokratische Typus der Verwaltungsorganisation – das heißt die monokratische Form der Bürokratie – aus rein technischer Sicht die höchste Effizienz erreichen kann, womit er das formal rationalste Mittel darstellt, um Kontrolle über Menschen auszuüben", schrieb Weber. „Diese Organisation ist allen anderen überlegen, was Präzision, Stabilität, Einhaltung der Disziplin und Zuverlässigkeit anbelangt. Daher versetzt sie den Leiter der Organisation und jene, die zu ihm in Beziehung stehen, in die Lage, die Ergebnisse besonders genau zu berechnen. Die Intensität ihrer Effizienz und die betriebliche Bandbreite machen sie überlegen, und sie ist formal in der Lage, alle Arten administrativer Aufgaben zu bewältigen."

Zeitgenössische Kommentatoren können heute meistens über Webers Ansichten nur noch die Nase rümpfen. Die von ihm beschriebene bürokratische Geschäftswelt war bar jeden Lebens und jeder Inspiration. Und dennoch ist es in unserer Welt weitgehend zu eben dieser Situation gekommen.

Wenn Sie weitere Belege dafür brauchen, schauen Sie sich nur den erfolgreichen „Dilbert" von Scott Adams an, der die Banalität und Gleichmäßigkeit des Unternehmenslebens aufs Korn nimmt.

Das von Max Weber beschriebene bürokratische Modell wurde weitgehend Realität. Zweifellos haben wir es hier mit einer beschränkten Arbeitsmethode zu tun, die den Er-

fordernissen unserer Zeit nicht mehr angemessen zu sein scheint. Doch zu Beginn des 20. Jahrhunderts war dies eine probate und effektive Methode zur Bewältigung der Aufgaben eines Unternehmens. Bei General Electric funktionierte sie besonders gut.

Die Bürokratie muß dran glauben

In den Generationen vor der Ankunft von Jack Welch war General Electric gut geführt und erfolgreich. Das Unternehmen hatte ein riesiges Netz von Systemen geknüpft und zahlreiche Managementschichten übereinandergelegt, um stabile Leistungen zu gewährleisten. Es war bürokratisch, aber rational.

GE war nicht das einzige Unternehmen dieser Art. Die Zahl der Managementebenen und internen Systeme war typisch für ein derart großes Unternehmen. Tatsächlich wurden Wachstum und Komplexität üblicherweise als die beiden Seiten ein und derselben Medaille betrachtet. Dazu Jack Welch: „Stellen Sie sich ein Gebäude vor. Wenn ein Unternehmen wächst, errichtet es weitere Stockwerke. Zunehmende Größe erfordert den Bau zusätzlicher Stockwerke. Größere Komplexität erfordert den Bau zusätzlicher Mauern. Wir alle errichten Abteilungen – Transportabteilungen, Forschungsabteilungen. Das ist mit Komplexität gemeint. Das sind die Mauern. Wir alle haben nun die Aufgabe, die Gebäude wieder flacher zu machen und die Mauern niederzureißen. Gelingt uns das, so werden mehr Leute praktische Ideen von der Art hervorbringen, auf die ein Unternehmen angewiesen ist."[3]

Jack Welch stieß auf eine Vielzahl von Mauern. „Je größer die Konzernbestandteile, die ich mir ansah, desto

Jack Welch über den Sinn der Unternehmenstätigkeit:
„In einem Unternehmen geht es um Ideen, um Freude an der Arbeit, um Begeisterung und Feiern, um all diese Dinge."

größer die Bürokratie – Managementschichten und dergleichen –, und das war keine freundliche Umgebung. Das Geschäft war sehr ernst – es ging um Reviere", sagt er. „Doch darum geht es nicht in einem Unternehmen. Vielmehr geht es um Ideen, um Freude an der Arbeit, um Begeisterung und Feiern, um all diese Dinge."[4]

Also richtete sich Jack Welchs Obsession gegen das Zwillingsgespenst Bürokratie und Hierarchie.

Die achtziger Jahre verbrachte er damit, die Hierarchien zurechtzustutzen. „In diesem Jahrzehnt beseitigten wir eine Managementschicht nach der anderen. Wir rissen die Mauern, welche die Abteilungen voneinander trennten, eine nach der anderen nieder. Wir verringerten die Belegschaft – die Überwacher, die Zuschauer. Dabei entdeckten wir zunächst auf Ebene der Unternehmensführung und anschließend auf den unteren Ebenen der Organisation, daß die Leute, wenn man ihnen nur genügend Spielraum gab – wenn man ihnen vertraute und die Erlaubnis gab, selbständig zu entscheiden – sich viel mehr Mühe gaben, sicherzustellen, daß ihre Entscheidungen auch richtig waren."[5]

Die Zahl der Managementebenen wurde von 29 auf 6 verringert. Die Zeche bezahlten die Führungskräfte der mittleren Ebene, die schlipstragenden Überwacher.

Es funktionierte. Im Jahr 1987 wurde Jack Welch dafür gefeiert, daß es ihm gelungen war, die wuchernde Bürokratie auf ein Mindestmaß zurechtzustutzen. „Ob man ihn nun mag oder nicht: Man muß Jack Welch zugestehen, daß er es geschafft hat, die bürokratischen Auswüchse in einem amerikanischen Großunternehmen rückgängig zu machen und eine paternalistische Kultur durch eine zu ersetzen, in der Erfolg auf dem Markt Vorrang vor allen anderen Überlegungen hat", schrieb *Business Week*. „Ob es uns gefällt oder nicht: Der Managementstil in vielen amerikanischen Unternehmen wird in Zukunft dem von GE einigermaßen ähnlich werden."[10]

DER BÜROKRATIE KEINE CHANCE

Die Geschichte hat Jack Welch recht gegeben. General Electric ist das neue Modell für erfolgreiche Unternehmen: groß, aber nicht mit Hierarchien überladen. Kennzeichnend für dieses Modell sind:

- ***Geschwindigkeit.*** *Herkömmliche Großunternehmen sind langsam. Die Entscheidungen müssen sich Schritt für Schritt entwickeln. Die organisatorische Gestalt von GE hingegen ist auf kurze Reaktionszeit und schnelle Entscheidungen zugeschnitten. „Geschwindigkeit ist alles. Sie ist ein unverzichtbarer Bestandteil der Wettbewerbsfähigkeit. Geschwindigkeit hält Unternehmen – und Menschen – jung. Sie macht süchtig, und sie ist ein amerikanischer Wesenszug, den wir pflegen müssen", sagt Jack Welch.*[6]
- ***Informeller Umgang.*** *Bei McKinsey gab es früher einmal die Vorschrift, daß jeder Berater einen Hut tragen mußte. Diese Zeiten sind vorbei. Sinnlose Formalitäten engen die Menschen ein und behindern die eigentliche Arbeit. Dazu Jack Welch: „In den Berichten über GE ist weitgehend unbeachtet geblieben, daß wir großen Wert auf einen informellen Ort legen. Ich glaube, das ist ein großartiger Gedanke. Ich glaube nicht,*

daß sich die Leute je gedacht haben, daß ein Verzicht auf Förmlichkeiten eine große Sache sein könnte."[7]

- ***Ideen statt Managementschichten.*** *„Der Held ist derjenige, der die Ideen hat", sagt Jack Welch.*[8] *Unternehmen beziehen ihre Dynamik nicht aus zusätzlichen Aufsichtsebenen, sondern aus hervorragenden Ideen.*
- ***Ungehinderter Informationsfluß.*** *„Die Ablehnung von Grenzen ist bei uns zur Lebenseinstellung geworden. Die Leute tragen die Ideen wirklich im ganzen Unternehmen herum", erklärt Jack Welch. „Und wenn man eine Idee mit anderen teilt, wird man dafür belohnt. In der alten Kultur behielt man eine Idee für sich. Sie mit jemand anderem zu teilen, wäre dumm gewesen, da die Bürokratie die andere Person an deiner Stelle zum Helden gemacht hätte."*[9] *Information, die mit anderen geteilt wird – sei es innerhalb des Unternehmens oder mit Kunden und Lieferanten – ist vervielfachte Information.*

Anmerkungen

1 Welch, Jack, „Today's leaders look to tomorrow." In: *Fortune,* 26. März 1990.

2 Vom Autor geführtes Interview.

3 „Create a company of ideas." In: *Fortune,* 30. Dezember 1991.

4 Lowe, Janet, *Jack Welch Speaks* (New York: John Wiley & Sons, 1998).

5 Lowe, Janet, *Jack Welch Speaks.*

6 Mitchell, Russell und Dobrzynski, Judith, „GE's Jack Welch: how good a manager is he?" In: *Business Week,* 14. Dezember 1987.

7 Rede bei der Verleihung des New Englander of the Year Award 1992, 11. November 1992.

8 Byrne, John, „How Jack Welch runs GE." In: *Business Week,* 8. Juni 1998.

9 Day, Charles R. und LaBarre, Polly, „GE: Just your everyday $60 billion family grocery store." In: *Industry Week,* 2. Mai 1994.

10 Zitiert nach Jackson, T. und Gowers, A., „Big enough to make mistakes." In: *Financial Times,* 21. Dezember 1995.

9 Bleib deinem Unternehmen treu

Die Zeit der Gemeinschaft ist gekommen.
Der Individualismus hat für immer abgedankt.

John D. Rockefeller

Der Unternehmensmensch lebt weiter

Zu den großen Managementbüchern zählt der 1956 veröffentlichte Klassiker *The Organization Man* von William Whyte. Darin ist das Unternehmensleben treffend beschrieben: „Die grundlegende Prämisse des neuen Modellmanagers ... lautet einfach, daß die Ziele des Einzelnen und die Ziele der Organisation identisch sind. Die jungen Männer hegen keinen Zynismus und nur geringe Skepsis in bezug auf das ‚System' – sie sehen keinen Sinn darin, es zu betrügen, sondern wollen mit ihm kooperieren. ... [Sie] hegen die unausgesprochene Überzeugung, daß die Organisation ebenso wie sie selbst daran interessiert ist, ihre besten Eigenschaften zu nutzen, und daher können sie ihr Schicksal der Organisation anvertrauen. ... [Der] durchschnittliche junge Mann findet Gefallen an dem Gedanken, daß diese Beziehung unauflöslich ist." Whyte beschrieb eine Welt, in der die Unternehmen die Inspiration im Namen der Effizienz erstickten. Das Individuum hatte sich vollkommen der bürokratischen Maschine zu unterwerfen.

Der von Whyte beschriebene Unternehmensmensch, der in den Organisationen der Nachkriegszeit der Normalfall war, bewahrte unter Druck kühlen Kopf, war zuverlässig und brachte die Bereitschaft mit, sein Leben in einem einzigen Unternehmen zu verbringen. Die stillschweigende Vereinbarung lautete, daß dem Manager als Gegenleistung für seine Loyalität und solide Leistungen ein sicherer Lebensarbeitsplatz zugestanden wurde. Diese Vereinbarung brachte für beide Seiten Vorteile mit sich. Der Manager verdiente ein respektables Gehalt und erhielt ein hohes Maß an Sicherheit. Das Unternehmen gewann eine loyale Führungskraft, die stets hart arbeitete.

Dieser stillschweigende Pakt wurde als „psychologischer Kontrakt" bekannt. Geprägt wurde der Begriff von dem Sozialpsychologen Ed Schein vom MIT. Scheins Interesse an der Beziehung zwischen Arbeitgeber und Arbeitnehmer erwachte Ende der fünfziger Jahre. Dem Forscher war die Ähnlichkeit aufgefallen zwischen den Praktiken der Gehirnwäsche, die er im Koreakrieg beobachtet hatte, und der Indoktrination, die Großunternehmen wie General Electric (in Crotonville) und IBM (in seinen Schulungszentren) betrieben.

Wie der Hinweis auf die Gehirnwäsche nahelegt, handelte es sich beim „psychologischen Kontrakt" nicht einfach um eine angenehme, für beide Seiten vorteilhafte Vereinbarung. Dieser Vertrag warf eine Reihe von Fragen auf.

Zunächst einmal beruhte der Kontrakt auf Loyalität. „Der wichtigste Beitrag, der von einem Manager gefordert wird, die mit Sicherheit universellste Qualifikation, ist seine Loyalität, die eine Beherrschung durch die Persönlichkeit der Organisation ermöglicht", schrieb Chester Barnard in *The Functions of the Executive* (1938). (Das Wort „Beherrschung" zeigt, in welcher Richtung das Pendel der Macht in Barnards Augen ausschlug.) Loyalität ist eine positive Eigenschaft, doch sie kann sich leicht in blinde Unterwerfung verwandeln. Was, wenn die Unternehmensstrategie falsch ist oder wenn sich das Unternehmen an rechtswidrigen oder unmoralischen Aktivitäten beteiligt? Und dann ist da auch noch die Frage, welchen Werten gegenüber man loyal ist. Vor dreißig Jahren wurden Unternehmenswerte eher akzeptiert als hinterfragt.

Die zweite Frage im Zusammenhang mit dem psychologischen Kontrakt betrifft die Perspektive. Da die Laufbahn des Managers genau vorherbestimmt war, hatte er kaum einen Anreiz, über den Tellerrand des Unternehmens hinaus zu blicken. So wurde das Unternehmen zu einer selbstgenügsamen und autarken Welt, zusammengehalten durch ein komplexes Gefüge von Kontrollmechanismen, Systemen und Hierarchien. Das Unternehmen hatte immer recht. Die Kunden, die in der schwer greifbaren Welt außerhalb der Organisation lebten, betrachtete man vielfach als Randerscheinung. In den fünfziger, sechziger und siebziger Jahren verlor kein einziger Manager seinen Job, weil die Qualität oder der Service schlecht waren. Die „lebenslange Beschäftigung" war das Ideal und für die meisten Führungskräfte auch die Realität.

Es liegt auf der Hand, daß eine solche Umgebung keine dynamischen, risikobereiten Manager hervorbrachte. Der psychologische Kontrakt belohnte den braven Fußsoldaten, auf den stets Verlaß war. So konnte es kaum überraschen, daß Rosabeth Moss Kanter in ihrer 1977 erschienen Studie über das Unternehmensleben *(Men and Women of the Corporation)* zu dem Schluß gelangte, daß die wichtigste Eigenschaft, die von einem Manager erwartet wurde, „Zuverlässigkeit" sei.

In der Realität sah es so aus, daß der psychologische Kontrakt nicht die Fähigkeit, sondern die Loyalität belohnte, was zahlreichen leistungsschwachen Managern den Aufstieg in den Unternehmenshierarchien ermöglichte. Bezeichnend war auch, daß der psychologische Kontrakt als ein Vorrecht des Managements betrachtet wurde. Weiter unten in der Hierarchie wurden nach Belieben Menschen eingestellt und wieder hinausgeworfen.

Wie die Verwendung der Vergangenheitsform zeigt, hat der psychologische Kontrakt zwischen Arbeitgebern und Arbeitnehmern in den letzten Jahren radikale Änderungen erfahren. Die Downsizingwelle in den achtziger und neunziger Jahren bereitete dem Kontrakt, der jahrzehntelang gegolten hatte, ein Ende.

> ***„Einst durfte man, sofern man nicht mit der Hand in der Kasse erwischt wurde oder den Boss in aller Öffentlichkeit anschwärzte, in vielen Unternehmen mit einem Job fürs Leben rechnen."***

Das Leben des Managers ist nicht länger genau vorgezeichnet. Zuverlässig in bezug worauf? Loyal wem gegenüber? Hören wir uns an, was Gary Hamel, Autor von *Competing for the Future**, dazu zu sagen hat: „Einst durfte man, sofern man nicht mit der Hand in der Kasse erwischt wurde oder den Boss in aller Öffentlichkeit anschwärzte, in vielen Unternehmen mit einem Job fürs Leben rechnen. Loyalität war mehr wert als Fähigkeit, und es gab stets einen dunklen Winkel, in dem sich die Mittelmäßigkeit verbergen konnte. Das Zugeständnis eines lebenslangen Arbeitsplatzes machte die Mitarbeiter einigermaßen gefügig, und Abhängigkeit erzwang eine widerwillige Loyalität. Doch das war einmal und ist nicht mehr."[1]

Die Erwartungen haben sich auf beiden Seiten geändert. Die Arbeitgeber wollen sich nicht mehr zu einer langfristigen Beschäftigung verpflichten – nicht einmal stillschweigend. Heute liegt die Betonung auf der Flexibilität. Die Mitarbeiter ihrerseits sind bemüht, ihre Fähigkeiten zu entwickeln und ihre Karriere selbst in die Hand zu nehmen. „Beschäftigungsfähigkeit" lautet das Schlagwort der Gegenwart.

Die Folge ist, daß der neue psychologische Kontrakt eher auf der Entwicklung der Fähigkeiten als auf blinder Loyalität beruht. Der Kerngedanke lautet, daß ein Mitarbeiter loyaler wird, wenn das Unternehmen in seine individuelle Entwicklung investiert. Das Problem ist, daß der Mitarbeiter dadurch natürlich auch für andere Unternehmen interessanter wird.

Tatsächlich hat sich das Machtverhältnis zwischen Arbeitgeber und Arbeitnehmer verschoben. Der ursprüngliche

* Deutsch als: *Wettlauf um die Zukunft.*

psychologische Kontrakt, der so viele Jahre Bestand hatte, schuf ein künstliches Gleichgewicht, das auf ineffizientem Verhalten beruhte. Die Betonung lag nicht auf der Leistung, sondern auf Loyalität und Zuverlässigkeit. Von angemessenen Leistungen wurde ausgegangen. Mit dem Downsizing und der Dezimierung des mittleren Managements schlug das Pendel in Richtung des Unternehmens aus. Sichere Arbeitsplätze für die Manager gab es nicht mehr. Heute befinden sich die Mitarbeiter potentiell in der besseren Position. Im Zeitalter der flexiblen Beschäftigung, des Downsizing und des Karrieremanagements ist Loyalität ein zunehmend flüchtiges Gut. Die Manager hüpfen von Job zu Job und von Unternehmen zu Unternehmen.

Der alte psychologische Kontrakt mit all seiner Sicherheit und Klarheit gilt uns heute als fernes Unternehmensnirvana. Wir hatten es niemals so gut, sagen manche. Nur daß das Konzept der lebenslangen Beschäftigung im wesentlichen ein Trugbild war. Die Unternehmen waren möglicherweise entschlossen, an ihren Managern festzuhalten, solange diese arbeiteten, doch häufig lebten die Unternehmen selbst nicht lang genug, um ihr Versprechen einzulösen. (Ob dies an der Unbeweglichkeit des Managements lag, muß dahingestellt bleiben.) Die Forschung zeigt immer wieder, daß Unternehmen nicht sehr lange leben. Eine Studie zur Lebenserwartung japanischer und europäischer Unternehmen kam zu dem Ergebnis, daß die Betriebe im Schnitt 12,5 Jahre Bestand hatten. Arie de Geus von der London Business School schätzt, daß die durchschnittliche Lebenserwartung eines multinationalen Konzerns zwischen 40 und 50 Jahren liegt.

In Anbetracht des Kommens und Gehens der Unternehmen ist es unwahrscheinlich, daß der traditionelle psychologische Kontrakt wiederauferstehen wird. Doch es wird stets einen psychologischen Kontrakt zwischen Arbeitgebern und Arbeitnehmern geben. Wenn ein Arbeitsvertrag geschlossen wird, haben beide Seiten Erwartungen und Ziele und machen sich ein – zutreffendes oder falsches – Bild von den Erwartungen und Zielen der anderen Seite. Die neue Herausforderung für beide Seiten besteht darin, den psychologischen Kontrakt zu einer ausdrücklichen Vereinbarung zu machen.

Jack Welch, der Unternehmensmensch

Im Zeitalter des Karrieremanagements und der Beschäftigungsfähigkeit ist Loyalität gegenüber dem Unternehmen mit Sicherheit aus der Mode. Wenn wir von jemandem hören, der seit langer Zeit in einem Unternehmen ist, können wir uns des Gefühls nicht erwehren, er habe sich nicht richtig entwickelt. Wir neigen dazu, uns zu fragen, was wohl geschehen wäre, hätte sich dieser Mensch frei entfalten können.

Hinter diesen Reaktionen versteckt sich die mittlerweile weit verbreitete Annahme, eine dauerhafte Beziehung zu einem Unternehmen sei etwas Schlechtes und unerschütterliche Loyalität schränke die Menschen ein, anstatt sie zu bereichern. Doch das ist ein Irrtum. Jack Welch ist ein Unternehmensmensch. Seine Loyalität ist so wie die vieler tausend anderer Menschen nicht billig zu haben. Er bleibt neugierig und stellt auch heute, da bereits das Ende seiner Karriere naht, noch alles in Frage.

Arie de Geus hat die Beziehung zwischen Unternehmen und ihren Mitarbeitern in *The Living Company* untersucht und die neue Vereinbarung beschrieben: Der zeitgenössische Unternehmensmensch muß verstehen, daß sich das Unternehmen ändern will und muß, was ihm nur gelingen wird, wenn sich die Gemeinschaft seiner Mitglieder ebenfalls ändert. Jeder einzelne Mitarbeiter muß sich ändern, und das tut er, indem er lernt. Die Folge ist, daß de Geus zufolge die hochrangigen Führungskräfte sehr viel Zeit auf die Entwicklung ihrer Leute verwenden müssen. Er erinnert sich daran, daß er etwa ein Viertel seiner Zeit mit der Entwicklung und Plazierung von Mitarbeitern verbrachte. Jack Welch verbringt erklärtermaßen die Hälfte seiner Zeit damit.

Es gibt auch heute noch Unternehmensmenschen, allerdings nur solche, die lernen, Fragen stellen und sich im Lauf ihrer Karriere weiterentwickeln. Welch meint, wichtig für die persönliche Entwicklung seien Erfahrung und die Gewißheit, Fehler machen zu dürfen: „Ein Geschäftsführer von GE muß dem Unternehmen meiner Ansicht nach nicht unbedingt 15 bis 20, aber zumindest 10 Jahre dienen, da er ansonsten zu diesen verrückten Aktionen neigt. Ich habe das bei einigen Unternehmen beobachtet. Während meiner Zeit als CEO verbrauchten manche Unternehmen fünf, andere sechs Geschäftsführer. Man geht zu einer Sitzung, und da sitzt schon wieder ein anderer. Wenn die Leute nur wenige Jahre im Amt bleiben, versuchen sie durchweg, etwas Besonderes zu leisten und dem Unternehmen in der kurzen Zeit ihren Stempel aufzudrücken. Ich denke, man sollte mit seinen Fehlern leben. Man sollte daran arbeiten. Unternehmen setzen sich aus einer Reihe von Prozessen zusammen, sie sind nicht perfekt.“[2] Das einzige, was zählt, ist die Entwicklung. Unvollkommenheit bedeutet, daß man es beim nächsten Mal besser machen kann.

Ein Bekenntnis zur Unvollkommenheit:
„Ich denke, daß man mit seinen Fehlern leben sollte. Man sollte daran arbeiten. Unternehmen setzen sich aus einer Reihe von Prozessen zusammen, sie sind nicht perfekt.“

Ein Höchstmaß an Erfahrung

Früher setzte man Führungspotential mit der Fähigkeit gleich, „voranzukommen“ oder sich in der Organisation zu behaupten. Ein guter Manager war einer, der dafür sorgen konnte, daß die Rädchen der Unternehmenskultur reibungslos ineinandergriffen. Und er war einer, der die Machtspiele und die Politik beherrschte. Nun beginnen die Organisationen zu erkennen, daß Führungspotential auch die Fähigkeit beinhaltet, zu lernen, zu wachsen und sich zu verändern. Leistung ist eine ganz andere Dimension.

Laut Randall P. White vom in Greensboro (North Carolina) ansässigen RPW Executive Development, der einer der Autoren von *Breaking the Glass Ceiling* und *The Future of Leadership* ist, haben Unternehmen, die sich im Wettbewerb behaupten wollen, damit begonnen, die Zuteilung der Aufgaben gezielt einzusetzen, um zwei verschiedene Gruppen von Managern zu entwickeln. Bei der einen Gruppe, die gegenwärtig die meisten Entwicklungschancen erhält, handelt es sich um die Manager mit großem Potential, die wahrscheinlich in Zukunft in Führungspositionen im Unternehmen aufsteigen werden. Die zweite Gruppe umfaßt die braven Bürger der Organisation, also die große Masse der Managementtalente in großen Unternehmen. Doch da die Organisationen flacher werden und diese technischen oder funktionalen Manager früher die höchste für sie erreichbare Sprosse auf der Karriereleiter erklimmen, müssen die Unternehmen versuchen, sie „on-the-job“ weiterzuentwickeln, um ihnen auch noch Herausforderungen bieten zu können, wenn ein weiterer Aufstieg in der Hierarchie nicht mehr möglich ist. Wird die Aufgabenverteilung strategisch eingesetzt, um die Entwicklungsbedürfnisse des einzelnen Managers und jene des Unternehmens aufeinander abzustimmen, so profitiert das Unternehmen.

Der Gedanke, daß man aus Erfahrung lernt, ist alles andere als neu.[3] In den vergangenen Jahren haben die Unternehmen damit begonnen, nach Lernerfahrungen zu suchen, die für die Weiterbildung zukünftiger Führungskräfte wertvoll sind. Diese Suche entspringt der wiederentdeckten Erkenntnis, daß die Erfahrung ein unschätzbarer und möglicherweise der beste Lehrer einer Führungskraft ist.

Die Unternehmen müssen herausfinden, aus welcher Art von Erfahrungen die Menschen lernen und welche Lehren aus verschiedenen Erfahrungen gezogen werden. Sie müssen spezifische Erfahrungen als Entwicklungschancen ins Auge fassen und diese Chancen gut nützen. Und sie müssen den Kandidaten mittels eines umfassenden Coachings dabei helfen, aus den Erfahrungen zu lernen.

White fand heraus, daß die Zuteilung bestimmter Aufgaben – Sanierung maroder Geschäftsbereiche, Umstieg von Linien- auf Stabstätigkeiten, Aufbau neuer Geschäfte oder Teilnahme an Spezialprojekten oder Projektgruppen – besonders häufig als Auslöser für Lernfortschritte, Wachstum und Veränderung genannt wurden. Die Manager berichteten, viel aus schwierigen Aufgaben und von anderen Managern gelernt zu haben, bei denen es sich zumeist um – verehrte und gehaßte – frühere Vorgesetzte gehandelt hatte. Doch bei genauer Analyse zeigte sich, daß die persönliche Entwicklung vor allem von den Aufgaben abhängt, die einem Manager im Unternehmen übertragen werden.

Es zeigte sich, daß verschiedene Aufgaben ganz unterschiedliche Herausforderungen mit sich bringen. Die Sanierung eines Unternehmens stellt andere Anforderungen an einen Manager als die Gründung eines Unternehmens. Aus unterschiedlichen Aufgaben werden unterschiedliche Lehren gezogen. Beispielsweise lernt ein Manager beim Aufbau eines neuen Unternehmens, sich allein zu behaupten, Verantwortung zu tragen, Klarheit über die eigenen Ziele zu gewinnen, Personen, über die er keine Kontrolle hat, zur Zusammenarbeit zu bewegen und die Beweggründe anderer Menschen zu verstehen. Die Teilnahme an Spezialprojekten und Projektgruppen hält ganz andere Lehren bereit: Der Manager lernt, mit Unsicherheit umzugehen, mit Führungskräften zu arbeiten und ihre Denkmuster zu durchschauen und Verhandlungen zu führen.

Wenn das Entwicklungspotential der Aufgabe größer wird (wenn sie beispielsweise zahlreiche neue Elemente enthält oder Fähigkeiten erfordert, die dem Manager nicht vertraut sind), steigt auch das Risiko für das Unternehmen (das Risiko von Fehlern, die einen Verlust an Zeit, Geld, Produktivität usw. nach sich ziehen). Da die meisten Unternehmen Risiken abgeneigt sind oder diese zumindest sorgfältig abwägen, werden viele Aufgaben, die Entwicklungspotential bergen, Kandidaten übertragen, die bereits über die zur Bewältigung erforderlichen Fähigkeiten verfügen. Gibt es beispielsweise größere Probleme in einer Produktionsanlage, so wird jemand dorthin geschickt, der bereits einmal ähnliche Schwierigkeiten behoben hat. Diese Praxis führt häufig dazu, daß ein Unternehmen einen Kader von Führungskräften entwickelt, die über recht einseitige Erfahrungen verfügen: Beispielsweise wissen sie, wie man Probleme beseitigt, haben jedoch keine Erfahrung in der Leitung eines reibungslos funktionierenden Betriebs. Ist das Unternehmen nicht mehr mit entsprechenden Situationen konfrontiert, so wird die Führungskraft aufgrund ihres beschränkten Erfahrungsschatzes überflüssig. Dies bedeutet sowohl für die Organisation als auch für den einzelnen Manager einen Verlust.

Um das Entwicklungspotential einer Aufgabe richtig einschätzen zu können, müssen daher die Fähigkeiten und die bisherigen Leistungen des Kandidaten den Lernerfahrungen gegenübergestellt werden, die mit dieser Aufgabe einhergehen dürften. Mit anderen Worten: Das Entwicklungspotential der Aufgabe hängt davon ab, welcher Kandidat für die Aufgabe ausgewählt wird. Es liegt auf der Hand, daß ein Kandidat, der bereits mit der Aufgabe vertraut ist, in seiner Entwicklung kaum oder gar nicht mehr davon profitieren kann. Für einen Kandidaten, der ihr noch nicht gewachsen ist, birgt die Aufgabe ein großes Entwicklungspotential. Selbstverständlich bringt sie gleichzeitig jedoch auch ein hohes Risiko für das Unternehmen mit sich. Daher müssen die Unternehmen ihren Managern Unterstützung in Form von Coaching, Beratung und Mentoring geben.

Bei der Zuteilung von Aufgaben sind einige Vorbehalte zu beachten:

- Die Personen, die zwecks Entwicklung mit einer Aufgabe betraut werden, sollten erfahren, warum sie diesen Auftrag erhalten. Darüber hinaus sollte irgendein Unterstützungssystem eingerichtet werden.
- Entwicklungsbemühungen werden nicht jede Schwäche beheben und auch nicht jedermann zu einer Führungspersönlichkeit machen.
- In den meisten Unternehmen gibt es nicht genug große Aufgaben, um sämtliche Führungskräfte zu entwickeln, die in Zukunft benötigt werden. Aber man muß einen Manager nicht unbedingt mit dem Aufbau eines Betriebs in Warschau oder mit der Schließung eines Werks in Tansania betrauen, um seine Entwicklung zu fördern. Es gibt noch andere Methoden. Es kann auch sehr herausfordernd sein, ihn mit zusätzlichen (häufig gezielten) Pflichten zu betrauen.[4]

Potentiell ist jede Aufgabenstellung geeignet, die Entwicklung eines Managers voranzutreiben. Ein wesentlicher Schritt besteht darin, das Ziel der Entwicklung – also die Person – in den Prozeß einzubeziehen.

Bleib deinem Unternehmen treu

Führungstätigkeiten erfordern neue Fähigkeiten. Tatsächlich machen sämtliche Tätigkeiten laufend die Entwicklung neuer Fähigkeiten nötig.

Stella Sinden von GHN Executive Coaching meint: „Wer sich in eine erstklassige Führungskraft verwandeln will, muß in der Lage sein, Menschen zu führen. Die Boards der Unternehmen sind von aggressiven und erfolgreichen Menschen bevölkert. Ihren Aufstieg in den Unternehmen verdanken sie der Tatsache, daß sie ihre Konkurrenten unschädlich machten. Plötzlich finden sie sich im Sitzungszimmer des Board wieder und müssen vollkommen neue Rollen übernehmen. Sie müssen ihr Verhalten neuen Umständen anpassen. Sie müssen zugänglich sein, sich einen größeren Blickwinkel aneignen, gegensätzliche Positionen verstehen."[5]

- ***Aus der Erfahrung lernen.*** *Jack Welch bemühte sich in seinen ersten Jahren bei General Electric um vielfältige Erfahrungen. Er baute neue Unternehmen auf und brachte darniederliegende Betriebe wieder auf Vordermann. Er entwickelte neue Fähigkeiten.*
- ***Die Mitarbeiter müssen Zeit haben, Fehler zu machen, daraus zu lernen und ihre Mängel zu beheben.*** *In unserem auf den kurzfristigen Erfolg fixierten Wirtschaftsleben wird von Führungskräften ein unendlicher Erfolgskreislauf erwartet. Muß ein Manager einen Mißerfolg verbuchen, so wird er gefeuert. Was wäre, wenn man ihm die Chance gäbe, die Dinge neu zu ordnen und seine Fehler zu korrigieren? Das würde dauerhaftes Vertrauen schaffen. So könnte er seine Aufmerksamkeit auf das langfristige Wachstum richten, anstatt*

ständig über das kurzfristige Überleben nachdenken zu müssen.

- ***Der neue „psychologische Kontrakt“** zwischen Arbeitgeber und Arbeitnehmer sieht die Entwicklung der Mitarbeiter vor. Die Unternehmen müssen die Entwicklung ihrer Leute vorantreiben, um stets die besten Leute für alle Aufgaben zur Verfügung zu haben.*

Anmerkungen

1 Hamel, Gary, Vorwort zu: Crainer, Stuart (Hrsg.) *The Financial Times Handbook of Management* (London: FT/Pitman, 1995).

2 Lowe, Janet, *Jack Welch Speaks* (New York: John Wiley, 1998).

3 Vgl. beispielsweise McCall, M.W., Jr., Lombardo, M.M. und Morrison, A.M., *The Lessons of Experience: How Successful Executives Develop on the Job* (Lexington, MA: Lexington Books, 1988), sowie: Morrison, A.M., White, R.P. und Van Velsor, E., *Breaking the Glass Ceiling: Can Women Reach the Top of America's Largest Corporations?* Überarbeitete Ausgabe (Reading, MA: Addison Wesley, 1992, 1994).

4 Vgl. beispielsweise Lombardo, M.M. und Eichinger, R.W., *Eighty-Eight Assignments for Development in Place: Enhancing the Development Challenge of Existing Jobs,* Center for Creative Leadership Technical Report 136, (Greensboro, 1989), sowie: Eichinger, R.W. und Lombardo, M.M., *Twenty-Two Ways to Develop Leadership in Staff Managers,* Center for Creative Leadership, Technical Report 144, (Greensboro, 1990).

5 Vom Autor geführtes Interview.

10 Managen wie im Laden an der Ecke

„GE: Der ganz normale 60 Mrd. Dollar-Laden an der Ecke"

Schlagzeile der *Industry Week*

Der größte Eckladen der Welt

Die Experten suchen unermüdlich nach Jack Welchs Geheimnis. Sie haben seinen Führungsstil und die Kultur von General Electric aus jedem erdenklichen Blickwinkel betrachtet. Sie haben analysiert und wieder analysiert. Am Ende steht zumeist eine Wunschliste. „Eine Reihe von Eigenschaften hat dazu beigetragen, Jack Welch zu einem berühmten, berüchtigten, gefürchteten, respektierten und bewunderten Mann zu machen", schreibt Adrian Slywotsky in *Value Migration*. „Er ist erbarmungslos und konzentriert. Er formuliert eine einfache und schlüssige strategische Botschaft, die er der Organisation unmißverständlich vermittelt. Er beherrscht die Kunst der Vermarktung vollendet. Und er ist ein außergewöhnlicher Schöpfer von Wert."[1]

Die Zeitschrift *Forbes* beschrieb das Geheimnis seines Erfolges so: „Es waren weder brillante Erkenntnisse noch eine Reihe kühner Schachzüge, die den Ausschlag gaben, sondern seine geradezu fanatische Liebe zum Detail."[2] In einer anderen Publikation heißt es: „Welch weckt bei den Managern von GE ein bemerkenswertes Maß an Zuneigung, Respekt und Begeisterung." Zur Bestätigung wird die Aussage eines Spitzenmanagers von General Electric angeführt: „Er ist unglaublich intelligent. Er kann strategisch denken, aber er kann auch mit Menschen, mit Geschäften, mit der Organisation, mit der Politik umgehen. Er kann den Jungs, die den Betrieb leiten, jene Art von Anregungen geben, die ihnen sonst nur ein Außenstehender mit ein wirklich guten

Hier spricht der Geschäftsführer eines Lebensmittelladens: *„Was im Lebensmittelladen an der Ecke zählt, zählt auch bei Triebwerken und medizinischen Systemen."*

Überblick geben könnte."[3]

Renaissance-Mensch oder nicht, Jack Welch bleibt mit beiden Füßen auf dem Boden. Er führt General Electric so, wie es niemand anderer könnte, aber er tritt nicht wie ein superschlauer und allwissender Unternehmensleiter auf. Er macht seinen Job so gut, wie er kann. Das ist das ganze Geheimnis.

Jack Welch kann die Dinge richtig einordnen, da er General Electric als einfaches Unternehmen betrachtet. Der Umsatz mag in Milliarden Dollar gemessen werden, das Unternehmen mag sich auf den Märkten der Welt durchsetzen, doch es ist und bleibt ein Betrieb. Und wie Jack Welch immer wieder betont: Die Wirtschaft ist keine Quantenphysik. „Was im Lebensmittelladen an der Ecke zählt, zählt auch bei Triebwerken und medizinischen Systemen", sagt er. „Wenn der Kunde nicht zufrieden ist, wenn die Ware liegenbleibt, wenn das Regal nicht gut gestaltet ist oder wenn das Angebot nicht stimmt, dann gilt hier wie dort dasselbe. Man muß so einen Konzern führen wie einen kleinen Betrieb. Man darf sich nicht von den Zahlen verrückt machen lassen."[4]

Manage den Cashflow

Fragen Sie den Besitzer eines Kleinunternehmens nach seinem größten Problem, und die unvermeidliche Antwort wird lauten: „Der Cashflow." Fragt man hingegen bei größeren Unternehmen nach, so wird der Cashflow selten erwähnt. Irgendwo auf dem Weg verschwindet er von der Tagesordnung der Manager. Die Führungskräfte in Großunternehmen verbringen ihre Zeit lieber damit, über Strategien zu sprechen, als sich mit der profaneren Frage zu beschäftigen, wieviel Geld ihr Unternehmen im Augenblick in der Kasse hat. Tatsächlich wird der Cashflow vielfach nicht sehr genau beobachtet. Manchmal verstehen die Manager nicht, welche Rolle er im Kontext der Unternehmenstätigkeit spielt.

Welch über Kennzahlen:
„Die drei wichtigsten Dinge, die man in einem Unternehmen messen muß, sind die Kundenzufriedenheit, die Mitarbeiterzufriedenheit und der Cashflow."

Jack Welch hat den Cashflow wieder in den Mittelpunkt der Aufmerksamkeit gerückt. „Allzu oft messen wir alles und verstehen nichts. Die drei wichtigsten Dinge, die man in einem Unternehmen messen muß, sind die Kundenzufriedenheit, die Mitarbeiterzufriedenheit und der Cashflow. Wenn die Kundenzufriedenheit wächst, so wird mit Sicherheit der globale Marktanteil auch wachsen. Sind die Mitarbeiter zufrieden, so nehmen die Produktivität, die Qualität, der Stolz und die Kreativität zu. Und der Cashflow ist der Puls – das wichtigste Lebenszeichen eines Unternehmens."[5]

Beim Cashflow geht es darum, das Bargeld zum Arbeiten zu bringen. „Der Cashflow ist eine Tatsache, der Gewinn Ansichtssache", meint Alfred Rappaport von der Kellogg School of Management an der Northwestern University. Rappaport zählt zu den Vorreitern des Shareholder Value, jener derzeit so beliebten Theorie, die im Grunde nichts anderes tut, als die Cashflow-Theorien auf die Führung von Großunternehmen anzuwenden.

Jack Welchs Vertrauen in den Cashflow widerspricht einigen der Grundprinzipien des Unternehmenslebens. Zunächst einmal stellt er das Buchhaltungsmodell zur Messung der Unternehmensergebnisse in Frage. Erwin Scholtz vom Ashridge Management College ist einer jener Wissenschaftler, die für das traditionelle Buchhaltungsmodell, das sich nicht am Cashflow, sondern an den Gewinnen orientiert, nur Hohn und Spott übrig haben. Scholtz hält das Buchhaltungssystem für unvollständig (da es nicht die gesamten Kapitalkosten berücksichtigt), kompliziert (da es sich einer Vielzahl verschiedener Leistungsmaßstäbe bedient), inkonsequent (da es widersprüchliche Signale sendet), unzutreffend (da die Buchhaltungskonventionen die eigentliche wirtschaftliche Leistung verzerren können) und ineffizient (da es häufig nicht in Beziehung zu den Managementsystemen und betrieblichen Einflußfaktoren steht).

Jack Welchs Aufmerksamkeit gilt den Grundlagen: Cashflow, hereinkommende Güter, hinausgehende Güter. „In der Produktion betrachten die besten Akteure die Lagerbestände als Ärgernis, vor allem, wenn ein Hauch von Deflation in der Luft liegt", schrieb er im Jahresbericht 1997 in seinem Brief an die Mitarbeiter.

Mit seiner Leidenschaft für den Cashflow, für die Reduzierung der Lagerbestände und für die Verbesserung der Abläufe ist Jack Welch einmal mehr seiner Zeit voraus. Das Beratungsunternehmen Mercer Management Consulting hat die Lagerhaltungsprozesse und den Umgang mit den Außenständen in einer Vielzahl von Branchen untersucht. „Während die Betriebskosten im verarbeitenden Gewerbe in den vergangenen 15 Jahren gesenkt wurden, deuten die Ergebnisse der Studie eindeutig darauf hin, daß bisher nicht genutztes Potential besteht, durch ein aggressives Management des Betriebskapitals den Cashflow zu verbessern, die Kosten zu senken und die Kapitalrendite zu erhöhen", erklärt Scott Setrakian, der bei Mercer für die Energiewirtschaft und die verarbeitende Industrie zuständige Partner.

Das Betriebskapital werde in den Rechnungsbüchern der Unternehmen häufig vernachlässigt, meint Setrakian, obwohl es einen beträchtlichen Umfang erreichen könne: In der verarbeitenden Industrie sind nicht selten 20 Prozent des

Gesamtkapitals in Lagerbeständen, offenen Forderungen und ausstehenden Zahlungen gebunden. „Das Betriebskapital betrifft eine Reihe von Punkten in den Prozessen des Unternehmens und macht eine Optimierung besonders schwierig", erläutert Setrakian. „Die Produkt- und Informationsflüsse sowie die Kundenbeziehungen müssen bereichsübergreifend koordiniert werden. Doch es kann sehr lohnend sein, das Kapital freizusetzen."[6]

Doch die integrative Natur des Betriebskapitals entzieht sich der Kontrolle durch das Topmanagement. Aufgrund der Komplexität verfügen die Unternehmen selten über zutreffende Maßstäbe, um das Niveau des Betriebskapitals zu messen, geschweige denn, daß sie das Management für dessen Aufrechterhaltung zur Rechenschaft ziehen könnten. Die Studie von Mercer gelangte zu dem Ergebnis, daß die am häufigsten zur Verfolgung der offenen Forderungen herangezogene Meßgröße – die täglichen Forderungen – vielfach irreführend ist. „Es liegt auf der Hand, daß die Durchführung sowohl im Verhältnis zum Kunden als auch intern zahlreiche Fragen und Probleme aufwirft", erklärt Setrakian. „Doch mit wachsenden Ansprüchen der Kunden werden diese Verbindungen entscheidenden Einfluß auf den Erfolg eines Unternehmens erhalten." Um diese Verbindungen zu verbessern, müssen die internen Hindernisse beseitigt werden. Daran, ob dies gelingt, wird sich das Topmanagement messen lassen müssen.

Managen wie im Laden an der Ecke

- ***Auf den Cashflow achten.*** *Die Anwendung des Cashflow-Managements auf einen Betrieb ist stets sinnvoll. Darüber hinaus hat es den Vorteil, allgemein verstanden zu werden.*
- ***Die Leistungsparameter müssen einfach sein.*** *Kein Schnickschnack. Jack Welch legt Wert auf einfache Maßstäbe zur Beurteilung der Unternehmensleistung. An der Kapitalrendite und anderen beliebten Konzepten findet er keinen Gefallen. Seine Erfolgsparamter sind Cashflow, Service und grundlegende betriebswirtschaftliche Kennzahlen wie die Lagerbestände.*
- ***Management bleibt Management.*** *Ob man nun einen Lebensmittelladen oder ein globales Firmenkonglomerat leitet, die grundlegenden Aufgaben sind dieselben. Wer das vergißt, tut es auf eigene Gefahr.*

Anmerkungen

1 Slywotzky, Adrian, *Value Migration* (Boston, MA: Harvard Business School Press, 1996).

2 Conlin, Michelle, „Revealed at last: the secret of Jack Welch's success." In: *Forbes,* 26. Januar 1998.

3 Campbell, Andrew, Goold, Michael und Alexander, Marcus, *Corporate-Level Strategy* (New York: John Wiley & Sons, 1994).

4 Byrne, John, „How Jack Welch runs GE." In: *Business Week,* 8. Juni 1998.

5 Tichy, Noel und Sherman, Stratford, *Control Your Own Destiny or Someone Else Will* (New York: Doubleday Currency, 1993).

6 „Process industries face working capital challenge." In: *Mercer Management Briefs,* Ausg. April 1998.

Wie lange kann Jack Welch noch etwas bewirken?

Außergewöhnlich erfolgreichen Menschen fällt es vielfach sehr schwer zu erkennen, wann sie ihren Zenit überschritten haben. Wir alle kennen die Fälle großer Sportler, die immer noch einen weiteren Kampf, noch ein Rennen, noch ein Turnier bestreiten müssen, obwohl ihre Leistungsfähigkeit bereits rapid abnimmt.

Führungskräfte stehen vor ähnlichen Problemen. Winston Churchill war eine dynamische Führungspersönlichkeit im Krieg, doch seine Amtszeit im Frieden schadete seinem Ansehen eher, als daß sie es vergrößert hätte. Natürlich schwinden die Fähigkeiten nicht über Nacht. Doch häufig ist es so, daß die Fähigkeiten, die einer Führungspersönlichkeit in einer bestimmten Organisationsstruktur zum Erfolg verhelfen, unter geänderten Bedingungen ihren Nutzen verlieren. Die charismatische Führungspersönlichkeit, die ein schnell wachsendes, dynamisches Unternehmen aufbaut, ist selten die geeignete Person, um dieses Unternehmen weiterzuführen, nachdem es sich in einen riesigen multinationalen Konzern verwandelt hat. Tatsächlich stößt die charismatische Führungspersönlichkeit heute im allgemeinen auf eine gewisse Skepsis. Peter Drucker räumt ein, daß ein Manager Autorität braucht, weist jedoch darauf hin, daß charismatische Führungspersönlichkeiten häufig von der Illusion ihrer eigenen Unfehlbarkeit geblendet werden. Dieser Glaube macht sie unflexibel und raubt ihnen die Fähigkeit, mit einer sich wandelnden Umwelt zurechtzukommen.

Viele Führungskräfte sind sich der zeitlichen Beschränkungen durchaus bewußt. Einige, darunter Sir Colin Marshall von British Airways, sehen darin etwas, was ständige Wachsamkeit erfordert. In einem Interview mit dem Autor dieses Buches sagte Colin: „Das Problem, mit dem Führungskräfte – auf welchem Gebiet auch immer – normalerweise konfrontiert werden, ist, daß sie durch die lange Zeit, die sie in ihrer Funktion verbracht haben, von der Realität abgeschnitten werden. Die Folge ist, daß sie nicht mehr in der Lage sind, ihre Mängel und Fehler zu erkennen. Führungskräfte sollten vor Langlebigkeit auf der Hut sein." Sir Colin wies auf Robert Townsends Vorschlag hin, daß niemand eine Position länger als fünf Jahre innehaben sollte. Colin Marshall ist nicht dieser Ansicht, hält die Warnung jedoch für angebracht: „Man muß stets darauf achten, ob Anzeichen von Selbstgefälligkeit auftauchen und ob die Bereitschaft, eigene Fehler einzugestehen, nachläßt."

Jack Welch steht schon sehr viel länger als fünf Jahre an der Spitze von General Electric. Er scheint sich dort wohler zu fühlen als irgendein Mensch, der je ein Unternehmen leitete. Er hat die harten Zeiten in den achtziger Jahren und eine Herzoperation überstanden. Ende des Jahres 2000 soll er in den Ruhestand gehen. Alles deutet darauf hin, daß es ihm gelingen wird, die Führung in bester GE-Tradition reibungslos an seinen Nachfolger zu übergeben. Der Moloch wird nicht zum Stillstand kommen. Jack Welch gehört mit Leib und Seele zu General Electric, aber Jack Welch ist nicht General Electric. Die Kultur des Unternehmens ist zu robust und zu sorgfältig konstruiert, um dem Ehrgeiz oder dem Ego eines einzelnen Menschen anheimzufallen. So war es immer. Jack Welch hat diese Kultur nur noch weiter gefestigt.

Seinem Nachfolger wird es schwerfallen, in seine Fußstapfen zu treten. General Electric bricht weiterhin alle Rekorde. Die wirtschaftlichen Umwälzungen in Asien und der Anstieg des Dollarkurses haben sich kaum auf die finanziellen Ergebnisse des Unternehmens ausgewirkt. Sein Wohlergehen scheint auch in Zukunft gesichert. Doch die bedeutsame Lehre aus Jack Welchs Karriere sollten wir nicht vergessen: Verändere dich, wenn es gut läuft. Verändere dich jetzt, um die Konkurrenz zu überflügeln. Wenn du zu lange wartest, wird dir die Veränderung aufgezwungen werden.

Wie man die Welch-Methode anwendet

Jack Welch ist einzigartig und einzigartig erfolgreich. Doch es gibt einige universell anwendbare Regeln, die aus der Geschichte seiner Karriere abgeleitet werden können:

1. Beschreibe deine Aufgabe mit einfachen Worten … und teile sie aller Welt mit

„Meine Aufgabe ist es, die besten Leute auf die größten Chancen anzusetzen und das Geld an der richtigen Stelle zu investieren", sagt Jack Welch.[1] Wirklich ganz einfach.

2. Löse eine Revolution aus, statt dich mit Flickschusterei zu begnügen

Eine Veränderung in kleinen Schritten ist verlockend, kann sich jedoch als schädlich erweisen. Große Sprünge sind besser.

3. Verändere dich ständig

Selbstgefälligkeit ist tödlich für jedes Unternehmen. Man darf nie aufhören, sich zu bewegen.

4. Denke positiv

Jack Welch ist davon überzeugt, daß alles verbessert werden kann und wird. „Produktivität bedeutet nicht, das letzte aus dem Unternehmen herauszuquetschen. Produktivität bedeutet die Überzeugung, daß die Möglichkeiten zur Verbesserung unbegrenzt sind.“[2]

5. Umgebe dich mit Qualität

Möglicherweise steht man gut da, wenn man sich mit Jasagern umgibt. Jack Welch jedoch hat sich mit herausragenden Führungskräften wie Gary Wendt bei GE Capital und Robert Wright bei NBC umgeben.

6. Höre nie auf zu lernen

Ob man nun einem Unternehmen treu bleibt oder den Arbeitgeber ein Dutzendmal wechselt: Der persönliche Fortschritt kann nur am Lernen, nicht am Gehalt gemessen werden.

7. Keep it simple, stupid

Was immer man tut, es sollte einfach bleiben: einfache Kommunikation, einfache Messung, einfache Ziele, einfache Systeme.

8. Kümmere dich um deine Leute

Wenn man sich um seine Leute kümmert, wird sich das Unternehmen um sich selbst kümmern. Sprich mit den Mitarbeitern und hilf ihnen dabei, sich laufend zu entwickeln.

9. Plane deine Nachfolge

Die Zukunft liegt in unseren Händen.

10. Mache Fehler

Jeder macht Fehler. Entweder man gibt sie zu und lernt daraus, oder man verdrängt sie und macht so weiter wie bisher. Wer die eigenen Fehler verdrängt, wird eines Tages selbst verdrängt werden.

Anmerkungen

1 Zitiert nach van Clieaf, M.S., „Executive resource and succession planning." In: *American Journal of Management Development,* Bd. 1, Nr. 2, 1995.

2 Day, Charles R., und LaBarre, Polly, „GE: just your average $60 billion family gorcery store." In: *Industry Week,* 3. Mai 1994.

Weiterführende Literatur

Lowe, Janet, *Jack Welch Speaks* (New York: John Wiley & Sons, 1998).

Slater, Robert, *Jack Welch and the GE Way* (New York: McGraw-Hill, 1998).

Tichy, Noel M. und Sherman, Stratford, *Control Your Destiny or Someone Else Will* (New York: Doubleday Currency, 1993).

Index